SAINTE HILDEGARDE

SCIVIAS

OU

LES TROIS LIVRES

DES

VISIONS ET RÉVÉLATIONS

de l'Edit. Princeps Henri ETIENNE, 1513

Traduits littéralement du Latin en Français par le Traducteur de la *Vie de la même Sainte* et des *Œuvres complètes de Rusbroch.*

LIVRE SECOND

PARIS
R. CHAMONAL, LIBRAIRE-EDITEUR
20 et 22, rue de Varenne, 20 et 22

1912

Bureaux du journal l'ABEILLE BIBLIOGRAPHIQUE

SAINTE HILDEGARDE

SCIVIAS

OU

LES TROIS LIVRES

DES

VISIONS ET RÉVÉLATIONS

Hildegarde comprit ce qu'un Chrétien doit être Et suivit jusqu'au bout le Christ son divin Maître ......
Pour jouir du triomphe et ceindre la couronne. Elle se donna toute à celui qui les donne ....

SAINTE HILDEGARDE

SCIVIAS

OU

LES TROIS LIVRES

DES

VISIONS ET RÉVÉLATIONS

de l'Edit. Princeps Henri ETIENNE, 1513

Traduits littéralement du Latin en Français par le Traducteur de la *Vie de la même Sainte* et des *Œuvres complètes de Rusbroch.*

LIVRE SECOND

PARIS
R. CHAMONAL, LIBRAIRE-EDITEUR
20 et 22, rue de Varenne, 20 et 22

1912

Bureaux du journal l'ABEILLE BIBLIOGRAPHIQUE

A

ÉPITRE

AUX RELIGIEUX PERSÉCUTÉS
ET PROSCRITS

O France, qui bannis les amants de ta gloire,
Pourquoi désertes-tu le temple de mémoire,
Réservant ton amour, salaire des héros,
A de vils corrupteurs, leurs stupides bourreaux ?

Pourquoi profanes-tu tant de chefs-d'œuvre anti-
[ques,
Et, de ton Dieu jaloux dépouillant les autels,
Chasses-tu leurs gardiens dont les voix prophé-
[tiques
Réveillent dans les airs des échos immortels ?

Les saints formaient jadis ta phalange d'élite ;
Pourquoi leur reprocher l'éclat de leur mérite ;
Et, cessant d'admirer leurs sublimes vertus,
Assimiler encor Barabas à Jésus ?

Pourquoi répudier le rôle séculaire
Qui faisait resplendir ta beauté légendaire ?
O ma France, pourquoi bannis-tu de ton sein
Ceux qui t'aiment le mieux, le héros et le saint ?

Ton sol est tout fleuri d'insignes basiliques,
Dont le temps destructeur a bronzé les reliques,
Imprimant au granit un air de vétusté
Qui, loin de l'avilir, rehausse sa beauté...

Le moine cisela ces poëmes de pierre,
Demeures du vrai Dieu, temples de la prière,
Invitant les humains pour qu'ils adorent mieux,
A relever leur front vers la voûte des cieux.

Des vandales jadis, inaptes à construire,
Mais jaloux du passé, voulurent les détruire :
Le granit résista !... leur stupide fureur,
Même aux plus forcenés, inspirait de l'hor-
[reur !...

Et le temple resta, fier témoïn des vieux âges,
Pour attester sans fin que ces fous étaient sages
Qui, reconnaissant Dieu pour maître souverain,
Regardaient vers le ciel d'un front calme et
[serein.

Autour du tabernacle on admirait le cloître
Où recherchaient la paix de saints religieux...
Epris de cet amour, qui tous les lis fait croître,
Ils jetaient dans nos cœurs son germe précieux.

Ils vivaient de labeur au sein de la sagesse,
Expiant des mortels les multiples erreurs ;
Pour écarter de nous la foudre vengeresse,
Qui remplirait le monde et de trouble et d'hor-
[reurs.

Ils allaient au combat pour d'illustres conquêtes,
Heureux de succomber victimes de l'amour...
La croix, leur étendard, rayonnait sur leurs têtes,
Comme pour tous les yeux, quand viendra le
[grand jour.

De leurs gestes fameux remplissant notre his-
[toire,
La science, les arts, nous les ont disputés ;
Les siècles écoulés proclament leur victoire ;
Et jamais leurs bienfaits ne furent discutés.

Même en nos jours troublés, astres d'or ils ray-
[onnent
Et dans le ciel de Dieu brillent de mille feux !..

Ils nous donnent leur vie, avec joie ils la don-
[nent :
C'est en faisant le bien qu'ils se disent heureux.

Et voilà ce que vous biffez d'un trait de plume,
Politiques étroits !... la gloire vous fait peur !..
Quand l'aveugle discorde et son flambeau qui
[fume
Aveugle votre esprit et ferme votre cœur.

France, lève ton front ! et, contre les sectaires,
Des chefs-d'œuvre de l'art protège les trésors !
Des temples de granit et des âmes austères
Conserve les joyaux, les diamants, les ors !

Garde-toi d'écouter la rumeur mensongère !
Pour les hommes sans Dieu laisse ton engoû-
[ment !
Ou, tremble quand tes fils sur la terre étrangère,
Epris de liberté, portent leur dévoûment !

R. CHAMONAL.

SCIVIAS

OU LES TROIS LIVRES DES VISIONS ET RÉVÉLATIONS

LIVRE SECOND

VISION PREMIÈRE

Sommaire. — De la toute Puissance de Dieu. — Paroles de Job sur le même sujet. — Que le Verbe, avant et après avoir revêtu l'humanité, indivisiblement et éternellement est auprès du Père. — Pourquoi le Fils de Dieu est-il appelé Verbe. — Que par la vertu du Verbe de Dieu toute créature est produite, et que l'homme renaît dans la rédemption. — Que l'incompréhensible puissance de Dieu a fabriqué le monde et produit les diverses espèces. — Que toutes les choses étant créées, l'homme fut créé du limon de la terre. — Qu'Adam ayant accepté le doux précepte d'une obéissance facile, à l'instigation du démon, n obéit pas. — Qu'Abraham, Isaac et Jacob et les autres prophètes chassèrent les ténèbres du monde par le sens (de leurs prophéties). — Que le premier des prophètes Jean, tout resplendissant de ses miracles, annonça le Fils de Dieu. — Que le Verbe de Dieu s'étant incarné, on y vit les effets du grand et antique conseil. — Que l'homme ne doit pas sonder les secrets divins, plus que Dieu ne veut les manifester. — Que le Fils de Dieu, né dans le monde, vainquit le démon par sa mort et ramena les élus vers son héritage. — Paroles d'Osée sur le même sujet. — Que le corps du Fils de Dieu, étant resté trois jours dans le sépulcre, ressuscita, et que la voie de la vérité, de la mort à la vie, fut montrée à l'homme. — Que le Fils de Dieu, ressuscité de la mort, apparut souvent à ses disciples pour les affermir. — Que le Fils de Dieu montant vers son Père, (l'Eglise) son épouse enrichie des dons divins fut fondée.

Et moi ; sans connaître les lettres, à la manière des forts, n'ayant pas été instruite par leur enseignement, mais malgré ma débilité, (frêle côte d'Adam), étant toute pénétrée du souffle mystique : j'ai vu comme un feu resplendissant incompréhensible, inextinguible, plein de vie, et toute vie, dont la flamme était couleur d'air, et brûlait ardemment sous un souffle léger ; et cette flamme était aussi inséparablement unie au foyer lucide, que le sont les entrailles au corps humain. Et je vis que cette flamme fulminante, s'embrasa ; et voici qu'une forme aérienne, obscure et sphérique, d'une grande étendue, surgit soudain, sur laquelle la flamme elle-même darda ses rayons, faisant jaillir des étincelles de la forme sphérique, jusqu'à ce que l'air devenu parfaitement (limpide), le ciel et la terre resplendirent d'une pleine clarté. Ensuite, la même flamme étendit sa chaleur et sa lumière vers une petite glèbe d'une terre limoneuse gisant au fond de l'air, pour la réchauffer, de manière qu'elle forma la chair et le sang ; et elle lui donna le souffle (le mouvement), de telle sorte qu'elle reçut son être complet par une âme vivante. Cela fait, ce feu lucide, par cette même flamme brûlant ardemment sous un souffle léger, donna à l'homme lui-même une fleur très blanche, suspendue à la flamme comme la rosée à la plante, dont l'homme apprécia l'odeur de ses narines, sans la goûter de ses lèvres, ni daigner l'effleurer de ses mains, se détournant ainsi pour tomber dans les ténèbres épaisses dont il ne put se relever. Mais ces ténèbres dans cet air augmentèrent, en s'étendant de plus en plus. Alors trois grandes étoiles, égales par la splendeur, apparurent dans ces ténèbres ; et après elles, de multiples étoiles grandes ou petites, brillantes d'une grande clarté ; et ensuite une très grande étoile, d'un merveilleux éclat dirigeant sa lumière vers la dite flamme. Mais, sur la terre, apparut aussi une lueur semblable à l'aurore, à laquelle une flamme plus éclatante fut infusée d'une manière merveilleuse, sans être toutefois séparée du dit feu lucide ; mais une plus grande vertu fut communiquée à cette lueur d'aurore. Et comme je voulais considérer diligemment l'accroissement de cette vertu (volonté), un sceau fut posé mystérieusement devant cette vision, et j'entendis une voix d'en haut qui me dit : Tu ne pourras contempler rien autre chose de ce mystère, que ce qui t'est concédé par un miracle de foi. Et je vis, de cette même lueur d'aurore, sortir une forme humaine splendide, qui répandit sa clarté vers les dites ténèbres, et fut reflétée par elles ; et, changée en pourpre de sang et en blancheur d'aube, pénétra les ténèbres d'une vertu si grande, que cet homme qui gisait en elles, apparaissant par la vertu de cette attraction, resplendit, et qu'ainsi redressé, il s'éleva. Et ainsi l'homme splendide, qui sortit de l'aurore, apparaissant dans une telle clarté que la langue humaine ne peut l'exprimer, monta vers une si haute gloire, qu'il rayonnait magnifiquement dans la plénitude de l'abondance et de la joie. Et j'entendis, de ce dit feu vivant, une voix qui me dit : Toi qui es une terre fragile et sous un nom de femme ignorante dans toute doctrine des maîtres charnels, pour comprendre les lettres selon l'intelligence des littérateurs ; toi qui es seulement effleurée par ma lumière qui t'éclaire intérieurement comme un embrasement lorsque le soleil brille, crie, raconte, et écris ces choses mystérieuses que tu vois et entends dans une vision mystique. Ne sois pas timide, mais dis ce que tu comprends en esprit, comme je le dis par toi ; tant que seront retenus par la honte ceux qui devraient montrer à mon peuple la voie de la justice ; mais qui, à cause de la perversité de leurs mœurs, refusent de dire la vérité qu'ils connaissent ; ne voulant pas s'abstenir des mauvais désirs, qui adhèrent tellement à leur chair, qu'ils en sont presque dominés, ce qui leur fait éviter la face de Dieu, et rougir de dire la vérité.

C'est pourquoi, être de néant, toi qui es instruite intérieurement, en esprit, par l'inspiration mystique, quoique tu n'aies pas reçu les vertus de l'homme, à cause de la prévarication d'Eve, dis cependant l'œuvre de flamme, qui t'a été manifestée dans une vision véritable.

Car le Dieu vivant, qui a créé toutes choses par son Verbe, par le même Verbe a ramené au salut véritable la malheureuse créature humaine, qui était tombée dans les ténèbres. Comment cela ? Ce feu très lucide que tu vois, désigne le Dieu tout puissant et vivant, qui dans sa clarté sereine n'est jamais offusqué par aucune iniquité et reste incompréhensible ; parce qu'il ne peut être divisé aucunement, n'ayant ni commencement fin ; et il ne peut être compris tel qu'il est par aucune étincelle de science de sa créature ; et il est inextinguible, parce qu'il est lui-même cette plénitude que n'atteint nulle fin ; et il est tout vivant (toute vie) parce que rien ne lui reste caché ; et il existe dans la plénitude de la vie, parce que tout ce qui vit reçoit de lui la vie ; selon ce que Job, inspiré par moi, indique en disant : *Qui ignore que la main du Seigneur ait fait toutes ces choses ? lui, en la main duquel est l'âme de tout ce qui vit, et l'esprit de toute chair de l'homme.* (1) Que signifie

(1) Quis ignorat quod omnia hœc manus Domini fecerit in cujus manu est anima omnis viventis et spiritus universæ carnis hominis (Job, XII).

cela ? Nulle créature n'est si stupide, de sa nature, qu'elle ignore, dans ces causes, les vicissitudes de sa plénitude, en quoi elle est utile. Comment ? Le ciel a la lumière, la lumière possède l'air, l'air est rempli de volatiles, la terre nourrit les plantes, les plantes produisent les fruits, les fruits nourrissent les animaux ; toutes ces choses témoignent qu'une main puissante les a placées : c'est la main du Dominateur de toutes choses, qui a créé toutes choses, avec leurs vertus propres, de telle sorte qu'il ne leur manque rien pour leur usage ; et dans la toute puissance du même artisan, se trouve le mouvement de tous les êtres vivants et terrestres, tels que les animaux, qui recherchent la terre, dans les choses terrestres, et qui n'ont pas en eux la raison provenant du souffle de Dieu, et l'élan des esprits qui habitent la chair humaine, dans lesquels se trouvent le raisonnement, le discernement et la sagesse. Comment ? L'âme parcourt les événements humains, se multipliant de mille manières, selon les exigences des mœurs charnelles. Mais l'esprit s'élève de deux manières, à savoir par le soupir, le gémissement et le désir qui le portent vers Dieu, ou par la recherche qu'il fait du Seigneur, de sa loi et de son choix en toutes choses, comme étant une obligation de précepte, car il a le discernement dans la raison. C'est pourquoi l'homme contient en lui l'image du ciel et de la terre. Comment ? Il possède en effet cet ensemble de facultés (ce cercle) parmi lesquelles apparaissent la perspicacité, la vie et la raison, comme dans le ciel on voit les astres. Il a l'âme (sensitive) qui pénètre tous les sens et leur donne le mouvement, comme l'air qui contient les volatiles, est aussi le réceptacle des vapeurs d'eau et de l'humidité. Il peut croître et se multiplier, comme sur la terre les plantes, les arbres et les animaux. Comment cela ? O homme, tu es tout dans toute créature, et tu oublies ton Créateur ! la créature, qui t'est soumise, t'obéit comme il lui a été ordonné ; et toi, tu transgresses les lois de ton Créateur !

Mais tu vois que le même feu a en lui une flamme couleur d'air, qui brûle ardemment sous un souffle léger, et qui est aussi inséparablement unie à ce feu lucide, que le sont les entrailles dans l'homme : C'est que dans l'éternité, avant les temps de la formation de la créature, le Verbe infini, dans l'ardeur de sa charité, pendant le cours des temps qui passent, devait s'incarner merveilleusement sans la souillure et l'assujettisement du péché, par la vertu du St-Esprit, dans l'aurore de la bienheureuse virginité ; de telle sorte que cependant, comme avant de prendre la chair, il fut indivisiblement dans le Père, et qu'ainsi, après avoir pris l'humanité, il lui restât inséparablement uni ; car, comme l'homme n'est pas sans le souffle vital, au fond de ses entrailles, ainsi le Verbe de Vie ne peut être nullement séparé du Père. Et pourquoi est-il appelé Verbe ? Parce que, de même que par le verbe mortel qui, dans la poudre terrestre de l'homme, est transitoire, les ordres du maître sont compris sagement, par ceux qui savent et prévoient la loi de celui qui commande : ainsi, par le verbe immortel qui ne passe pas, à cause de la vie inextinguible qui se perpétue dans l'éternité, est vraiment connue la puissance du Père, par les diverses créatures du monde qui le sentent et le comprennent, dans l'état où elles ont été créées ; et de même que par le verbe officiel, on connaît la puissance et l'honneur de l'homme, ainsi par le Verbe divin resplendit la sainteté et la bonté du Père.

Mais, comme tu le vois, cette flamme fulminante éblouit : cela signifie que le Verbe de Dieu, comme pour se montrer dans tout son éclat, manifesta sa vertu lorsqu'il façonna toute créature ; et il fut tout embrasé, lorsqu'il s'incarna dans l'aurore et l'aube virginale ; et de lui découlèrent toutes les vertus, dans la connaissance de Dieu, lorsque l'homme reprit une nouvelle vie dans le salut des âmes.

Mais une forme aérienne, obscure et sphérique d'une grande étendue sortit soudain, c'est la terre (l'instrument) encore dans l'obscurité de l'imperfection, c'est-à-dire non encore embellie par la plénitude des créatures ; et elle est ronde parce qu'elle est sous la puissance incompréhensible de

Dieu, la divinité n'étant nulle part absente ; mais elle s'éleva en vertu de la toute puissance de Dieu, comme en un clin d'œil, dans sa suprême volonté ; et sur elle la même flamme, comme un artisan, frappa quelques coups, en faisant jaillir d'elle une étincelle, jusqu'à ce que l'air devînt parfait; parce que le ciel et la terre resplendirent dans la plénitude de leur être, lorsque celui qui l'emporte sur toute créature, le Verbe d'en haut, montra dans la création des êtres, la servitude de ceux qui tiennent la vertu de sa force ; produisant diverses espèces de créatures, étonnantes par la merveilleuse origine de leurs conditions ; de même que l'artisan façonne artistement ses modèles avec l'airain ; jusqu'à ce que ces mêmes créatures resplendirent dans la beauté de leur plénitude, ayant en toutes leurs parties la beauté et la stabilité d'une créature parfaite ; parce que les choses supérieures resplendirent par les inférieures et les inférieures par les supérieures.

Mais qu'ensuite cette même flamme, de ce foyer et de cette clarté, se répandit sur une petite glèbe de terre limoneuse gisant au fond de l'air : cela signifie que, les autres créatures étant formées, le Verbe de Dieu, dans la puissante volonté du Père et dans l'amour de la suprême suavité du St-Esprit, regarda la fragile matière de la molle et débile faiblesse humaine, de tous les hommes bons ou mauvais qui devaient être procréés, contenue dans les profondeurs de son insensibilité et de sa pondérabilité, et pas encore animée par le souffle efficace et vital ; et la réchauffant, il façonna la chair et le sang, les pénétrant de chaleur par sa vertu ; parce que la terre est la matière charnelle de l'homme, puisqu'elle le nourrit de ses fruits, comme la mère ses fils ; et Dieu l'anima de son souffle, de telle sorte qu'elle devint l'homme dans une âme vivante, parce qu'il la vivifia par sa vertu suprême, et il produisit merveilleusement par elle, dans une âme et un corps, l'homme intelligent.

Cela fait, ce feu lucide donna, par cette flamme qui brûle ardemment sous un léger souffle, à l'homme lui-même, une fleur très blanche suspendue à cette flamme, comme la rosée sur la mousse ; parce qu'Adam étant créé, le Père qui est la lumière très pure, donna par son Verbe en vertu du St-Esprit, à Adam lui-même, un doux précepte d'une obéissance facile, adhérant au Verbe lui-même par la douce rosée de la féconde vertu, parce que par le Verbe lui-même, une suave émanation de sainteté procéda du Père dans le St-Esprit,

portant des fruits nombreux et magnifiques, comme la pure rosée qui descend sur le grain le féconde, pour qu'il produise des germes nombreux. L'homme en vérité sentit le parfum (de cette fleur) de ses narines, mais ne la goûta pas de ses lèvres, et ne pénétra pas ses mœurs ; parce que lui-même effleura, comme par ses narines, le précepte de la loi, avec l'intelligence de la sagesse ; mais il n'en goûta pas parfaitement la force de perfection intime, en l'introduisant dans sa bouche ; et il ne la remplit pas par l'œuvre de ses mains, dans la plénitude de la vie bienheureuse, se détournant de cette manière, pour tomber dans d'épaisses ténèbres desquelles il ne put se relever ; parce que, à l'instigation du démon, il désobéit au précepte divin, pour tomber dans les abîmes de la mort ; et qu'il ne voulut pas rechercher Dieu dans la foi et dans les actes.

Aussi, écrasé sous le faix du péché, il ne put s'élever à la vraie connaissance de Dieu, jusqu'à la venue de celui qui, sans péché, obéit pleinement à son Père. — Mais ces ténèbres, dans cet air, s'accrurent en s'étendant de plus en plus ; car la puissance de mort prit toujours dans le monde des proportions plus grandes, en raison directe de l'étendue des vices, la science de l'homme se propageant dans le sens de la diversité des passions multiples et des péchés dégradants, que propage l'erreur.

Mais que trois grandes étoiles égales par leur splendeur apparurent dans ces ténèbres, suivies d'un grand nombre d'autres grandes ou petites, brillantes d'un grand éclat : ce sont sous la figure de la suprême Trinité, les grands luminaires, à savoir : Abraham, Isaac et Jacob se complétant mutuellement, et repoussant les ténèbres du monde par leurs prédictions ; ainsi que d'autres nombreux prophètes, grands et petits, illustrés par la grandeur et la beauté de leurs miracles. Mais ensuite une très grande étoile apparut, resplendissant d'une merveilleuse clarté, et dirigeant ses rayons vers la dite flamme : c'est Jean-Baptiste le premier des prophètes, illustre parmi les illustres par la fidélité et la beauté de son œuvre et par ses merveilles, annonçant le Verbe véritable, le Fils de Dieu, parce qu'il ne céda pas à l'iniquité, mais il la combattit vaillamment et puissamment dans les œuvres de justice.

Mais que sur la terre cette lueur comme celle de l'aurore apparaisse, à laquelle est infusée merveilleusement une flamme supérieure, non séparée toutefois dudit feu lucide : cela signifie que Dieu établit une grande lumière, d'une splendeur admirable, parmi la fécondité des choses, envoyant dans ce lieu, avec une volonté parfaite, son Verbe nullement séparé de lui ; mais il le donna comme un fruit merveilleux, et il le fit surgir comme une fontaine, de laquelle tout fidèle qui boit est à jamais désaltéré.

Aussi, dans cette lueur d'aurore, une puissante volonté s'enflamma, parce que, dans la clarté de la sérénité empourprée, la vertu du grand et antique conseil fut connue, de telle sorte que les légions des esprits célestes admirèrent cette merveille dans la splendeur de leur félicité. Mais toi, ô homme, quand tu désires connaître pleinement, à la façon humaine, l'excellence de ce conseil, la barrière du mystère s'y oppose ; parce que tu ne dois pas approfondir davantage les secrets de Dieu, qu'il ne plait à la divine majesté de les manifester, pour l'amour de ceux qui croient fidèlement.

Mais quand tu vois, de la lueur d'aurore, sortir une splendide forme humaine qui, répandant sa clarté sur les ténèbres, est reflétée par elles, et qui, changée en pourpre de sang et en blancheur d'aube, pénètre ces ténèbres d'une si grande vertu, que cet homme qui gisait en elles, apparaissant à son attouchement, resplendit ; et ainsi redressé, s'élève : cela désigne le Verbe de Dieu incarné inviolablement dans la candeur de l'intégrité virginale, né sans douleur, ni séparé du Père. Comment ? Lorsque le Fils de Dieu naquit dans le monde d'une mère : il apparut dans le ciel, dans le Père, et les anges tremblèrent ; et se réjouissant, ils entonnèrent les plus douces louanges. Ce Fils de Dieu, venu dans le siècle sans la tache du péché, projeta sur les ténèbres de l'infidélité la doctrine lumineuse de la béatitude et du salut ; mais rejeté par un peuple incrédule, et conduit à sa passion, il répandit son sang empourpré, et goûta corporellement les affres de la mort. Et par là, terrassant le démon, il délivra des enfers ses élus qui y avaient été précipités et retenus ; et par la vertu de sa rédemption, il les ramena miséricordieusement à leur héritage qu'ils avaient perdu en Adam. Lorsque ceux-ci parvinrent dans leur héritage, les harpes et les cymbales retentirent dans un concert d'une harmonie divine, parce que l'homme qui gisait dans la perdition, élevé maintenant dans la béatitude, délivré par la vertu d'en haut, avait échappé à la mort, comme je l'ai dit par mon serviteur Osée : L'iniquité d'Ephraïm a été *unie en faisceau, son péché est caché ; il éprouvera les douleurs de l'enfantement : c'est un fils qui n'a pas la sagesse. Il ne restera pas debout dans le châtiment des fils. Je les délivrerai des mains de la mort, je les ra-*

cheterai de la mort. Je serai ta mort, o mort, je serai ton frein, o enfer. (1)

Que signifie cela ? La perversité de la malice du démon a été enchaînée par un lien efficace, pour qu'elle ne puisse se soustraire au zèle de la fureur de Dieu, parce qu'il ne l'a jamais vu penser au bien ; ainsi, ceux qui craignent Dieu fidèlement ne sont pas sujets aux embûches de Satan. Car il s'élève toujours contre Dieu, se disant Dieu lui-même, étant toujours dans l'erreur contre Dieu, et, à cause de lui, contre-disant au nom chrétien. Et c'est pourquoi sa malice est si profonde, que nul remède réparateur ne peut le guérir du péché qu'il a commis, d'une manière impie, dans son orgueil mé-

(I) Colligata est iniquitas Ephraim, absconditum peccatum ejus ; dolores parturientis venient ei, ipse filius non sapiens. Nunc enim non stabit in contritione filiorum. De manu mortis liberabo eos. De morte redimam eos. Ero mors tua, o mors, ero morsus tuus, inferne. (Osée XIII).

prisant ; aussi il restera dans la perpétuité de la douleur, comme dans l'enfantement, la femme est dans le désespoir, et doute de pouvoir vivre si on lui ouvre le sein. Car cette infélicité restera toujours sur lui, qu'il a été rejeté de la béatitude, et la sagesse des fils fuit de celui qui ne revient pas à lui, comme le fils prodigue revenu à lui-même, du fond de son iniquité revint à son père.

C'est pourquoi il ne pourra jamais se fier à cette contrition, par laquelle les fils du salut, en vertu de la mort du Fils de Dieu, sont victorieux de la mort de la cruelle iniquité, que le serpent rusé a fait naître, en suggérant au premier homme la fourberie que l'homme ne connaissait pas. Mais, parce que les fils du Sauveur méprisent le funeste venin de la suggestion, et sont attentifs à leur salut, je les délivrerai de la servitude des idoles, de la servitude, dis-je, des idoles, qui ont l'erreur comme puissance de perdition, et pour lesquelles les infidèles changent l'honneur qu'ils doivent à leur Créateur, s'enveloppant dans les filets du démon, et accomplissant leurs œuvres suivant sa volonté. Et c'est pourquoi je rachèterai les âmes de ceux qui m'honorent, c'est-à-dire des saints et des justes, de la peine infernale, parce que nul homme ne pourra être arraché à l'esclavage de Satan, dans lequel il est tombé sous les coups de la mort cruelle, par la prévarication des préceptes divins, si ce n'est en vertu de la rédemption de celui qui a délivré ses élus par son propre sang. C'est pourquoi je t'exterminerai, ô mort, parce que je t'enlèverai ce qui te fait vivre ; de telle sorte que tu seras appelée un cadavre inutile, parce que, terrassée au milieu de tes forces redoutables, tu seras, gisante comme le corps totalement séparé de l'âme se réduit en poussière. Car la fontaine d'eau vive te suffoquera lorsque les âmes heureuses, par l'homme nouveau qui sera innocent de la fourberie venimeuse (de Satan), seront ravies miséricordieusement dans la suprême béatitude.

Aussi, pour ta confusion, je serai ton frein ô enfer, lorsque ma puissance, dans toute sa vertu, t'enlèvera ces dépouilles dont tu t'es emparé frauduleusement ; de telle sorte que toi, ô mort, justement dépouillée, tu n'apparaîtras plus couverte de tes richesses, mais criblée de blessures, tu seras gisante dans les horreurs de ta corruption, et ta confusion te suivra éternellement.

Mais comme tu vois, par cet homme resplendissant qui est sorti de l'aurore, dans un si grand éclat que la langue humaine ne peut l'exprimer : il est signifié que le corps très auguste du Fils de Dieu, né de la Vierge, a la beauté incomparable, et renfermé trois jours dans le sépulcre (pour insinuer que dans une divinité se trouvent trois personnes), la lumière du Père resplendit ; et il fut le tabernacle du St-Esprit ; et il ressuscita pour l'immortalité glorieuse, que nul homme ne peut expliquer par la pensée ou par la parole. Et le Père, ayant découvert ses blessures, le montra aux chœurs célestes, en disant : Celui-ci est mon fils bien aimé (1) que j'ai envoyé mourir pour le peuple. Pour cette raison une ère de joie indicible, au-dessus de l'esprit humain, a été innovée en eux ; parce que l'oubli aveugle dans lequel Dieu était ignoré, a été tellement réprimé, que la raison humaine, qui gisait écrasée sous le joug de Satan, s'éleva vers la connaissance de Dieu ; parce que la voie de la vérité, qui

(1) Hic est Filius meus dilectus (Matth. III).

conduit à la souveraine béatitude, fut montrée à l'homme ; et, dans cette voie, il fut ramené de la mort à la vie.

Mais, de même que les fils d'Israël, délivrés de l'Egypte, traversant le désert pendant quarante années, parvinrent dans la terre qui produisait le lait et le miel : ainsi le Fils de Dieu ressuscitant de la mort, se montra avec bonté à ses disciples et aux saintes femmes, qui soupiraient après lui et désiraient d'un grand désir le voir ; et il les confirma dans la foi, pour qu'ils ne doutassent pas, en disant : Nous n'avons pas vu le Seigneur ; c'est pourquoi nous ne pouvons croire qu'il soit notre salut ! Mais il se manifesta fréquemment à eux, pour les corroborer, de peur qu'ils ne tombassent.

Mais, qu'il monta à une hauteur surémiente, d'une gloire indicible, où il resplendit merveilleusement dans la plénitude de toute abondance et de toute joie : cela signifie que le même Fils de Dieu s'éleva vers son Père, auquel, avec le Fils et le St-Esprit, la même grandeur et la même surémi-nence d'une inestimable gloire et d'une indicible allégresse appartient ; où le même Fils dans l'abondance de toute sainteté et de toute béatitude apparaît glorieusement à ses fidèles, qui croient dans un cœur simple et pur, qu'il est vraiment Dieu et homme. Car alors l'épouse nouvelle du même agneau lui est présentée, dans les divers ornements qui doivent la parer, de tous les genres des vertus, (propres) au combat redoutable de tout le peuple fidèle, qui doit livrer bataille contre le rusé serpent.

Que celui qui voit avec des yeux vigilants, et qui entend de ses oreilles attentives, embrasse avec amour le sens de ces paroles mystiques, émanant de Moi qui suis la vie.

VISION SECONDE

SOMMAIRE : Du sens des mystères de Dieu. — Des trois personnes. — Que l'homme n'oublie jamais d'invoquer ardemment un Dieu en trois personnes. — Des trois vertus de la pierre. — Jean sur la charité de Dieu. — Des trois causes du Verbe humain. — Des trois vertus de la flamme. — Paroles de Salomon. — De l'unité de l'essence.

Ensuite je vis une splendide lumière ; et, dans elle, une forme humaine, couleur de saphir, qui brûlait d'un feu brillant et suave ; et cette splendide lumière pénétra tout ce feu brillant, et ce feu brillant s'infusa dans cette splendide lumière ; et cette splendide lumière et ce feu brillant pénétrèrent toute cette forme humaine, ne faisant qu'une seule lumière, par une même vertu et une même puissance. Et, de nouveau, j'entendis cette lumière vivante qui me disait :

C'est le sens des mystères de Dieu, afin que l'on distingue et que l'on comprenne discrètement quelle est cette plénitude qui n'a pas d'origine, et à laquelle il ne manque rien ; qui, par sa vertu toute puissante, fixe les bornes de toutes les puissances. Car, si le Seigneur était exempt de sa propre vertu, quelle serait alors son œuvre ? Elle serait certainement vaine, car c'est dans l'œuvre parfaite que l'on voit quel est l'artisan.

C'est pourquoi tu vois une splendide lumière qui n'a pas d'origine, et à laquelle il ne peut rien manquer: Elle désigne le Père ; et, dans elle, une forme humaine, couleur de saphir, sans aucune tache d'imperfection, d'envie et d'iniquité, désigne le Fils, engendré par le Père, avant le temps, selon la divinité ; mais ensuite, incarné dans le temps, selon l'humanité, et venu dans le monde.

Elle brûle entièrement d'un feu brillant et suave, qui sans aucune atteinte de nulle aride et ténébreuse mortalité, démontre le Saint-Esprit, dont le même Fils unique de Dieu, conçu selon la chair et né d'une vierge dans le temps, répandit dans le monde la lumière de la vraie clarté.

Mais, que cette splendide lumière pénètre tout ce feu brillant, et que ce feu brillant s'infuse dans toute cette splendide lumière, et que cette splendide lumière et ce feu brillant remplissent toute cette forme humaine, ne faisant qu'une seule lumière dans une même vertu et une même puissance : cela signifie que le Père qui est l'équité souveraine, mais qui n'est pas sans le Fils et le Saint-Esprit; et le Saint-Esprit qui embrase le cœur des fidèles, mais non sans le Père et le Fils ; et le Fils qui est la plénitude de la vertu, mais non sans le Père et le Saint-

Esprit : sont inséparables dans la majesté de la divinité, parce que le Père n'est pas sans le Fils, ni le Fils sans le Père, ni le Père et le Fils sans le Saint-Esprit, ni le Saint-Esprit sans eux ; et ces trois personnes ne forment qu'un seul Dieu, dans l'intégrité de la divinité et de la majesté ; l'unité de la divinité restant inséparable dans ces trois personnes, parce que la divinité ne peut être divisée, mais demeure toujours inviolable, sans aucun changement ; et le Père se manifeste par le Fils ; le Fils par l'origine des créatures ; et le Saint-Esprit par le même Fils incarné. Comment ? C'est le Père qui, avant les siècles, a engendré le Fils ; le Fils par lequel toutes choses ont été faites par le Père, à l'origine des créatures ; et le Saint-Esprit qui apparut sous la forme d'une colombe, au baptême du Fils de Dieu, quand le temps fut venu. C'est pourquoi ; que jamais l'homme n'oublie de m'invoquer, moi le seul Dieu dans ces trois personnes, parce que je les ai montrées à l'homme, afin que l'homme brûle d'autant plus d'amour pour moi, que j'ai envoyé, par amour pour lui, mon propre Fils dans le monde ; comme Jean mon bien-aimé en rend témoignage lorsqu'il dit : *C'est en cela qu'apparut la charité de Dieu envers nous, que Dieu envoya dans le monde son Fils unique, afin que nous vivions par lui. En cela est la charité, non que nous ayons aimé Dieu ; mais parce que lui le premier nous a aimés, et a envoyé son Fils propitiateur pour nos péchés* (1). Que signifie cela ? Parce que Dieu nous a aimés, un autre salut en est

(1) In hoc apparuit charitar Dei in nobis, quoniam Filium Suum Unigenitum misit Deus in mundum, ut vivamus per eum. In hoc est charitas, non quasi nos dilexerimus Deum, sed quoniam ipse prior dilexit nos, et misit Filium suum propitiationem pro peccatis nostris. (Jean IV)

résulté que celui que nous eûmes dans une première naissance, lorsque nous devînmes les héritiers de l'innocence et de la sainteté, parce que le Père d'en-haut montra sa charité dans nos périls, lorsque nous étions dans la peine : envoyant, par la vertu d'en-haut, son Verbe seul parmi les enfants des hommes, dans une parfaite sainteté, au milieu des ténèbres des siècles, où le même Verbe, ayant accompli tout bien, ramena à la vie par sa mansuétude, ceux qui en étaient rejetés à cause de l'impureté de la prévarication, et ne pouvaient revenir à l'état de sainteté qu'ils avaient perdu.

Pourquoi cela ? Car la paternelle dilection de l'amour de Dieu vint par la source même de vie, qui nous forma pour la vie, et qui dans nos périls fut notre protectrice, celle qui est la très profonde et très suave charité, qui nous exerce à la pénitence.

Comment ? Dieu se souvint miséricordieusement de son grand ouvrage et de sa perle précieuse, c'est de l'homme que je parle, qu'il avait formé du limon de la terre, et auquel il avait inspiré le souffle de vie. Comment ? Lui-même organisa la vie pour la pénitence, dont l'efficacité ne périra jamais ; parce que le rusé serpent trompa l'homme par son invasion orgueilleuse ; mais Dieu le rejeta par la pénitence, qui manifesta l'humilité, que le démon ignora et ne pratiqua pas ; parce qu'il ne sut jamais monter vers la voie de justice. Aussi cette rédemption de charité n'est pas venue de nous, parce que nous n'avons pas su, et nous n'avons pas pu aimer Dieu dans (pour) (l'œuvre) du salut ; mais le Créateur lui-même et le Seigneur de toutes choses a tellement aimé le monde, que pour le sauver il a envoyé son Fils, le prince et le Sauveur des fidèles, lequel a lavé et pansé nos plaies ; et c'est de lui que dégoutte le baume médicinal qui procure tous les bienfaits de la rédemption. C'est pourquoi, toi, ô homme, comprends que nulle instabilité de changement ne peut atteindre Dieu.

Car le Père est le Père, le Fils est le Fils, le Saint-Esprit est le Saint-Esprit, trois personnes dans l'unité de la divinité, indivisiblement dans toute leur puissance. Comment ? Trois vertus sont dans la pierre, trois dans la flamme et trois dans le verbe. Comment ? Dans la pierre est une vertu d'humidité, une vertu de palpabilité et une force ignée ; elle a la vertu d'humidité pour qu'elle ne se dissolve pas et ne se diminue pas ; elle est palpable au toucher, pour qu'elle serve à la défense et à l'habitation ; elle a une force ignée, pour qu'elle s'échauffe et se consolide par sa dureté : Sa force humide indique le Père, qui n'est jamais aride et n'a pas de borne à sa vertu ; la vertu de palpabilité désigne le Fils, qui né d'une vierge peut être touché et saisi ; et la vertu du feu brillant démontre le St-Esprit, qui embrase et illumine le cœur des hommes. Comment cela ? De même que l'homme qui attire fréquemment par son corps la vertu humide de la pierre, devient débile et infirme : ainsi l'homme qui par l'instabilité de ses pensées, veut regarder témérairement le Père, périt dans la foi ; et de même que, par la palpabilité saisissable de la pierre, les hommes construisent leur habitation, afin de se défendre contre l'ennemi : ainsi le Fils de Dieu qui est la vraie pierre angulaire, devient la demeure du peuple fidèle, pour le protéger contre les malins esprits. Mais aussi, comme le feu brillant éclaire les ténèbres et brûle ce sur quoi il se repose : ainsi le St-Esprit écarte l'infidélité, enlevant toute rouille d'iniquité. Et de même que ces trois forces sont dans une même pierre, ainsi la vraie trinité est dans une même divinité.

Aussi, comme la flamme dans un même foyer a trois vertus, ainsi un Dieu en trois personnes. Comment ? La flamme, en effet, consiste dans la splendeur de la clarté, et dans sa force inhérente, et dans son ardeur ignée ; mais elle a la clarté splendide, pour briller ; et sa vigueur inhérente pour montrer sa force ; et son ardeur ignée afin de brûler. Aussi, dans la splendeur de clarté, considère le Père, qui par bonté paternelle, répandit sa clarté sur ses fidèles ; et dans la vigueur inhérente, par laquelle cette flamme montre sa vertu de flamme splendide, reconnais le Fils, qui prit son corps dans le sein d'une Vierge, et dans lequel la divinité manifesta ses merveilles ; et dans l'ardeur ignée, considère le St-Esprit, qui consume d'une manière suave l'esprit des croyants. Mais où ne se trouve ni la splendide clarté, ni la force inhérente, ni l'ardeur ignée, il n'y a pas la flamme ; ainsi, où le Père ni le Fils, ni le St-Esprit n'est honoré, la divinité n'est pas adorée dignement. Donc, de même que, dans une même flamme, on distingue ces trois vertus, ainsi, dans l'unité de la divinité, on comprend trois personnes. De même aussi que trois vertus sont indiquées dans le Verbe, ainsi la Trinité doit être considérée dans l'unité de la divinité. Comment ? Dans le Verbe est le son (la parole), la vertu et le souffle. Mais le son est pour qu'on l'entende, la vertu pour qu'on la comprenne, le souffle pour qu'il s'accomplisse. Le son indique le Père, qui fait toutes choses par sa puissance incompréhensible. La vertu désigne le Fils, qui est engendré merveilleusement du Père. Le souffle dénote le St-Esprit, qui souffle où il veut, et consume toutes choses. Mais où le son n'est pas entendu, la vertu ne saurait agir et le souffle s'élever ; et là, le Verbe n'est pas compris. Ainsi le Père, le Fils et le St-Esprit ne sont pas séparés l'un de l'autre ; mais ils accomplissent leur œuvre dans un parfait accord.

C'est pourquoi comme ces trois choses sont dans un seul verbe, ainsi également la suprême Trinité est dans la suprême unité. Et, de même que dans la pierre, la vertu humide n'est, ni n'agit, sans la palpabilité saisissable et sans la vertu ignée ; ni la vertu palpable sans la vertu humide et la vigueur ignée du feu brillant ; ni la force du feu brillant sans la force humide et la force palpable ; et de même que, dans la flamme, la splendide clarté n'est, ni n'agit, sans la vigueur inhérente et l'ardeur ignée, ni l'ardeur ignée sans la splendide clarté et la vigueur inhérente ; et, de même que dans le verbe le son n'est, ni n'agit sans la vertu et le souffle, ni la vertu sans le son et le souffle, ni le souffle sans le son et la vertu, mais ils sont indivisiblement unis dans leur œuvre : ainsi également, les trois personnes de la suprême Trinité résident sans être divisées, inséparablement, dans la majesté de la divinité.

Ainsi, ô homme, comprends un Dieu en trois personnes. Mais toi, dans l'aveuglement de ton esprit, tu penses que Dieu est si impuissant, qu'il lui est impossible de subsister vraiment en trois personnes, mais qu'il peut subsister seulement en une ; lorsque tu ne peux voir la voix exister sans ses trois vertus. Pourquoi cela ? Certes, Dieu est en trois personnes, vrai et unique Dieu, le premier et le dernier.

Mais le Père n'est pas sans le Fils, ni le Fils sans le Père, ni le Père ni le Fils sans le St-Esprit, ni le St-Esprit sans eux, parce que ces trois personnes sont inséparables dans l'unité de la divinité : Comme le verbe résonne de la bouche de l'homme, mais non la bouche sans la parole, ni la parole sans la vie. Et où demeure le Verbe ? Dans l'homme. D'où sort-il ? De l'homme. Comment ? Pendant la vie de l'homme.

Ainsi est le Fils dans le Père, que le Père a envoyé sur la terre, pour le salut des hommes qui sont plongés dans les ténèbres ; et ce fils a été conçu dans une Vierge, par le St-Esprit. Ce Fils, de même qu'il est fils unique dans la divinité, ainsi il est fils unique dans la virginité ; et de même qu'il est fils unique du Père, ainsi il est fils unique de la mère ; parce que comme le Père l'a engendré, seul avant les temps, ainsi la vierge mère l'a engendré, seul, dans le temps, parce qu'elle est restée vierge après l'enfantement. C'est pourquoi, o homme, comprends, dans ces trois personnes, ton Dieu qui t'a créé dans la force de sa divinité, et qui t'a racheté de la perdition. N'oublie donc pas ton Créateur, comme t'y exhorte Salomon lorsqu'il dit : *Souviens-toi de ton Créateur dans les jours de ta jeunesse, avant que vienne le temps de ton affliction* et qu'approchent de toi les années desquelles tu dises : Elles ne me plaisent pas. (1) Que signifie cela ? Rappelle à ton esprit celui qui t'a créé, lorsque dans les jours de ta téméraire audace, tu penses qu'il t'est possible de t'élever, selon ton désir, vers les sommets, en te précipitant dans les abîmes ; et lorsque, affermi

(1). Memento Creatoris tui in diebus juventutis tuœ, antequam veniat tempus afflictionis tuœ, et appropinquent anni de quibus dicas : Non mihi placent. (Eccles. XII)

dans la prospérité, tu tombes dans les pires adversités. Car, la vie qui est en toi évolue toujours vers la perfection, jusqu'au temps où elle apparaîtra parfaite. Comment ? L'Enfant, dès sa naissance, s'achemine vers l'état parfait, et ensuite il reste dans cet état, délaissant la pétulance des mœurs de la folle adolescence, et n'ayant de souci que pour les affaires sérieuses, pour mener à bonne fin son œuvre ; ce qu'il n'a jamais fait lorsqu'il était dans la fougue de la jeunesse inconstante.

Ainsi doit faire l'homme fidèle : Qu'il délaisse l'enfance des mœurs et qu'il gravisse le sommet des vertus en persévérant dans leur force ; méprisant l'orgueil de sa cupidité, qui est féconde dans les égarements des vices ; et que, dans la retraite, il médite sur ce qui est digne de sa sollicitude, après avoir traversé l'enfance des mœurs puériles. C'est pourquoi, ô homme, attache-toi à ton Dieu, dans la force de ta virilité, avant que vienne l'homme qui devra être ton juge, lorsque toutes choses seront manifestées, et qu'il ne restera rien de caché ; avant que viennent les temps qui ne verront jamais de fin ; de peur que, murmurant de ces choses dans ton sentiment humain, tu ne dises : Elles ne me plaisent pas, et je ne comprends pas si elles sont pour mon avantage ou mon détriment, parce que l'esprit humain est en cela toujours dans le doute ; car, même lorsqu'il fait le bien, il est dans l'anxiété de savoir s'il plaît à Dieu ou non. Et tandis qu'il fait le mal, il tremble pour son salut. Mais que celui qui regarde avec des yeux vigilants, et qui entend avec des oreilles attentives, embrasse du fond du cœur ces paroles mystiques, qui émanent de Moi qui suis la Vie.

VISION TROISIÈME

SOMMAIRE. — De la construction de l'Eglise qui engendre toujours ses fils dans la régénération de l'esprit et de l'eau. — Que l'Eglise dans sa naissance a été illustrée par les apôtres et les martyrs. — Que l'Eglise est ornée par l'office sacerdotal et la distribution des aumônes. — De la maternelle bonté de l'Eglise. — Que l'Eglise non encore parfaite pour la beauté de sa constitution, arrivera à sa perfection environ le temps du fils de perdition. — Comment l'Eglise élève dévotement ses fils dans la pureté. — Que nulle perversité du démon ne peut ternir la beauté de l'Eglise. — Que l'intelligence humaine ne peut saisir complètement les mystères de l'Eglise. — De la virginité de Marie. — De l'étendue des sacrements de la vraie Trinité. — Que le ministère des anges est pour chaque fidèle. — De ceux qui dans la foi de la sainte Trinité sont régénérés par l'Eglise mère, qui conserve son intégrité. — Comparaison du baume, de l'onyx et de l'escarboucle. — Que la bienheureuse Trinité apparaît le ciel ouvert, aux baptisés, dans le baptême ; et que leur enlevant la tache du péché, elle les revêt de la robe d'innocence. — De la plainte de l'Eglise sur l'erreur de ses fils. — Que deux signes ont été donnés aux hommes pour se défendre. — Comparaison de la jeunesse. — Pourquoi une double loi ne devait pas être donnée à Adam — Que l'avertissement du St-Esprit se manifestant, il menace l'antique serpent dans Noé, la circoncision le frappe à la mâchoire dans Abraham, l'Eglise le couvre de chaînes. — De trois ailes ce qu'elles signifient. — Que les mâles qui au temps de la circoncision, ne furent pas circoncis furent transgresseurs de la loi. — Comme dans la création d'Adam trois causes sont désignées, ainsi pareillement trois causes sont (indiquées) dans l'homme, dans la procréation. — Que la femme, par amour de Dieu, observant la virginité, est parée magnifiquement par Dieu. — Que l'homme refusant le lien du mariage par amour de Dieu, devient le compagnon du Fils de Dieu. — Les paroles du prophète Isaïe. — Que la chute d'Adam ferma le ciel à l'homme, et qu'il resta fermé jusqu'à la venue du Fils de Dieu. — Paroles de l'Evangile. — Exhortation de Dieu. — Que dans la circoncision d'Abraham, un membre est circoncis ; mais dans le baptême du Christ, tous les membres sont circoncis. — Paroles de l'Evangile. — Qu'en tout temps et à tout âge Dieu reçoit avec amour dans le baptême l'homme et la femme. — Qu'en l'honneur de la sainte

Trinité trois (personnes) doivent être présentes au baptême, à savoir le prêtre et deux autres qui se portent garants de la foi du baptisé, mais ils ne doivent pas lui être unis par le lien charnel. — Comparaison de l'enfant. — Que tous les péchés sont remis dans le baptême. — Que bien que le prêtre soit un pécheur, cependant Dieu accepte de lui l'office du baptême. — Comparaison du Riche. Dans le cas de nécessité s'il n'y a pas de prêtre, il est permis à tout fidèle de baptiser en observant la forme du baptême.

Après cela, je vis comme une image de femme, de proportions immenses, à l'instar d'une grande cité, elle avait la tête couronnée d'un merveilleux diadème, et ses bras étaient entourés de bracelets, splendeur rayonnant du ciel sur la terre.

(Son ventre) sa poitrine était comme un filet percé de nombreuses cavités à travers lesquelles une grande multitude d'hommes entraient. Elle n'avait ni jambes ni pieds, mais seulement se tenait sur son ventre, en face l'autel qui est devant le regard de Dieu, en l'embrassant de ses mains étendues. Elle plongeait ses yeux pénétrants dans le ciel immense. Et je ne pouvais distinguer ses vêtements, si ce n'est que toute rayonnante de clarté lumineuse, elle était environnée d'une grande splendeur. Sur sa poitrine était comme une aurore empourprée, d'où j'entendis, dans une merveilleuse harmonie, chanter ce cantique, comme sortant du sein de la splendide aurore. Et cette image répandit sa splendeur comme un vêtement, en disant : Il m'importe de concevoir et d'enfanter. Et bientôt accourut à elle, avec la rapidité de l'éclair, une multitude d'anges, dressant en elle des degrés et des sièges pour les hommes, par qui l'image devait être complétée.

Ensuite je vis des enfants noirs, rampant entre ciel et terre comme les poissons dans l'eau, et pénétrant dans le ventre par les cavités de l'image qui étaient ouvertes à ceux qui voulaient rentrer. Mais elle gémit, attirant plus haut ceux qui sortirent de sa bouche, et elle-même restant dans son intégrité. Et voici que cette lumière sereine, et dans elle la forme humaine complète, brillante d'un feu étincelant, m'apparut de nouveau, comme dans la vision que j'avais eue précédemment; et leur enlevant à chacun d'eux la peau noire, jetant ces dépouilles en dehors de la voie, elle revêtit chacun d'eux d'une tunique resplendissante de blancheur, et découvrit à chacun d'eux la lumière éclatante, en disant : Dépouille-toi de la vieille iniquité, et revêts la jeunesse de la sainteté, car la porte de ton héritage t'est ouverte.

Considère donc comment tu es instruit, afin de reconnaître le père que tu as confessé. Je t'ai reçu et tu m'as confessé. Maintenant donc regarde ces deux sentiers, l'un vers l'orient, l'autre vers l'aquilon. Si donc tu me regardes diligemment de tes yeux intérieurs, comme tu l'as appris par la foi, je te recevrai dans mon royaume. Et si tu m'aimes parfaitement, je ferai tout ce que tu demanderas. Mais si tu me méprises, en t'éloignant de moi, et me laissant en arrière sans vouloir me connaître ni me comprendre, toi qui es plongé dans le péché, en revenant à moi par une pénitence sincère ; si tu as recours à Satan comme s'il était ton père : alors tu tomberas dans la perdition, parce que tu seras jugé selon tes œuvres ; car lorsque je t'ai donné le bien, tu n'as pas voulu me connaître. . . . . .

Mais les enfants qui étaient rentrés dans le ventre de l'image, se promenaient dans la splendeur qui l'environnait. Et elle, les considérant avec bienveillance, disait d'une voix triste : Ces enfants qui m'appartiennent, retourneront de nouveau en poussière ; cependant j'en conçois et j'en enfante beaucoup qui me fatiguent, moi leur mère, par diverses concussions et m'oppriment en me combattant par des hérésies, des schismes et des querelles inutiles, par les rapines et les homicides, les adultères et les fornications, et par beaucoup d'autres erreurs semblables. Mais un grand nombre d'entre eux ressusciteront dans la vraie pénitence, pour la vie éternelle, et beaucoup d'autres, par un faux entêtement, tomberont dans la seconde mort.

Et de nouveau, j'entendis une voix du ciel qui me disait : L'édifice complet des âmes vivantes qui est élevé dans le ciel de pierres vivantes, orné des ornements infinis des vertus, dans ses fils qu'il contient à l'instar d'une immense cité : c'est l'énorme foule des peuples, et, comme dans un large filet, une grande multitude de poissons.

Il resplendit très dignement par les vertus d'en haut, suivant que l'œuvre des hommes fidèles prospère, au nom du Christ.

C'est pourquoi, ce que tu vois maintenant qui ressemble à une image de femme, de proportions immenses, comme une grande cité, désigne l'épouse du Fils de Dieu qui engendre toujours des fils par la régénération de l'esprit et de l'eau ; puisque le Tout Puissant guerrier l'a établie sur la grandeur des vertus, pour captiver et façonner la foule immense, et l'élever à la dignité des élus. Et elle ressemble à une grande tour, parce que nul ennemi ne peut prévaloir contre celle qui chasse loin d'elle l'infidélité par des combats victorieux, et qui se répand par les œuvres de la foi : ce qui, dans le siècle mortel, est compris en ce sens que chaque fidèle donne l'exemple à son prochain, ce par quoi ils accomplissent de nombreux actes de vertu, en vue des choses célestes. Mais lorsque chacun des justes parviendra jusqu'aux fils de lumière, alors apparaîtra en eux l'œuvre salutaire qu'ils ont accomplie : ce qui ne peut être connu dans la mortalité de la poudre terrestre, parce qu'il est impossible de le voir dans le trouble et l'inquiétude.

Elle a le front orné d'un merveilleux diadème, parce que, à sa naissance, lorsqu'elle a été suscitée dans le sang de l'Agneau, parée dignement par les apôtres et les martyrs, elle a été unie par de vraies fiançailles à mon Fils ; parce que dans son sang elle s'est édifiée fidèlement pour l'édification des saintes âmes. C'est pourquoi, de ses bras un ruissellement de splendeur, comme de merveilleux bracelets, rayonne du ciel sur la terre : ce qui signifie l'acte de puissance qui s'accomplit par les prêtres, qui, avec la pureté du cœur et des mains, dans le sacrement du corps et du sang du Sauveur offrent, en vertu des bonnes œuvres, le saint Sacrifice sur le saint Autel. L'œuvre la plus noble est celle de ceux qui font miséricorde, qui, dans leur générosité, secourent toutes les douleurs, distribuant dans la bonté de leur cœur l'aumône aux pauvres, et se disant dans la perfection de leur âme : Ce bien n'est pas à moi, mais à celui qui m'a créé ; car cette œuvre inspirée par Dieu, est représentée devant ses yeux, dans le ciel, lorsque par l'enseignement de l'Eglise, elle est accomplie sur la terre par les âmes fidèles. Mais que son ventre soit comme un vaste filet, ayant de nombreuses mailles par lesquelles pénètre la multitude nombreuse des hommes : cela signifie la maternelle bonté de l'Eglise qui se manifeste dans la capture des âmes fidèles, par l'élévation des vertus, au moyen desquelles les peuples croyants s'entretiennent dévotement dans la vraie foi. Mais celui qui jette son filet pour la capture des poissons, est mon Fils, l'époux de l'Eglise bien-aimée qu'il a épousée dans son sang, pour réparer la chute de l'homme perdu.

Elle n'a ni jambes ni pieds, parce qu'elle n'est pas parvenue à la force de sa constitution, et à la suprême beauté de sa perfection ; parce qu'environ le temps du fils de perdition (l'Antechrist), qui doit induire le monde en erreur, elle doit souffrir abondamment dans ses membres, les persécutions violentes et sanglantes de sa perversité cruelle ; et étant conduite par les calamités de ses blessures sanglantes à l'état parfait, elle courra avec allégresse dans la céleste Jérusalem ; et de même qu'elle est devenue la nouvelle épouse bien-aimée du Fils de Dieu, dans l'effusion de son sang, elle sera introduite avec le même amour dans la plénitude de la vie, au milieu de l'allégresse de ses enfants.

Mais elle se tenait seulement sur son ventre, en face l'autel qui est devant les yeux de Dieu, et l'embrassait de ses mains étendues : parce qu'elle est toujours enceinte et dans l'enfantement, par la véritable ablution, et elle offre ses enfants très dévotement à Dieu, par les prières très pures des saints ; et par la suave odeur du discernement des vertus cachées ou manifestes, qui sont exposées à l'intention des yeux de l'âme ; laissant de côté toute trace de simulation et tout désir d'humaine gloire, comme l'encens est purifié de tout mélange contraire à son parfum ; et cette opération fructueuse est un sacrifice très agréable aux yeux de Dieu ; par lequel la nouvelle épouse accomplit, avec toute l'ardeur de son désir, les œuvres des vertus fécondes, aspirant vers les choses célestes, et édifiant par le trentième, le soixantième et le centième fruit, la haute tour des murailles éternelles.

C'est pourquoi elle plonge ses yeux dans l'immensité des cieux, parce que nulle perversité ne peut ternir son intention, qu'elle maintient dévotement dans les choses célestes ; ni aucune persuasion de l'erreur diabolique, ni l'hérésie du peuple prévaricateur, ni les agitations des peuples divers, chez lesquels les hommes insensés se déchirent cruellement dans le déchaînement de leur fureur.

Mais que tu ne puisses distinguer aucun de ses vêtements, cela signifie, que l'intelligence humaine obscurcie par l'infirmité de sa nature fragile, ne peut comprendre parfaitement ses mystères ; si ce n'est que resplendissante d'une merveilleuse clarté, elle est environnée de lumière, parce que le vrai soleil, par la claire inspiration du St-Esprit et le digne ornement des vertus, la pénètre de toute part.

Sur sa poitrine est comme une aurore empourprée, parce que dans le cœur des fidèles l'intégrité de la bienheureuse Vierge, engendrant le fils de Dieu, brille de la plus ardente dévotion. Ce qui fait que tu entends un ensemble d'harmonies délicieuses, qui répètent les louanges de la Vierge, au milieu de cette aurore resplendissante : c'est que la voix des croyants, comme il apparait à ton esprit, s'élève dans un concert unanime, pour exalter avec l'église universelle la Virginité sans tache de Marie.

Mais, que cette image étende sa splendeur comme un vêtement, en disant qu'il importe qu'elle conçoive et enfante : cela signifie que dans l'église se répand le dogme de la vraie Trinité, parce que son voile s'étend pour la protection des peuples fidèles, à travers lesquels elle s'élève pour l'édification des pierres vivantes, blanchies dans la fontaine du bain très pur, comme il est nécessaire qu'elle le confesse pour le salut, afin qu'elle conçoive des fils par la bonne parole, et qu'elle les enfante dans l'ablution, par la régénération de l'esprit et de l'eau. C'est pourquoi se précipite vers elle, avec la rapidité de l'éclair, la multitude des anges, établissant des sièges et des degrés en elle, pour les hommes par lesquels cette même image doit être achevée, parce que, à tout homme croyant, se manifeste le ministère redoutable et aimable des esprits bienheureux, qui préparent à ces fidèles l'ascension, par la foi et l'espérance, dans le souverain repos, par lesquelles marques on reconnaît que la bienheureuse mère l'Église doit arriver à sa suprême perfection.

Mais ensuite, tu vois des enfants noirs se trouvant, près de terre dans l'air, comme les poissons dans l'eau, pénétrant dans le ventre de l'image, à travers les mailles (du filet) par lesquelles elle est ouverte à ceux qui veulent rentrer : ce qui signifie la noirceur des hommes insensés, qui ne sont pas encore lavés dans le bain du salut ; mais qui, aimant les choses terrestres et les recherchant en toutes choses, pour faire leur demeure dans leur instabilité, parviennent enfin à la mère de sainteté ; et, considérant la dignité de ses mystères, reçoivent sa bénédiction (bonne parole), par laquelle ils sont enlevés au démon et rendus à Dieu ;

se soumettant à la sacrée constitution de l'Eglise, par laquelle l'homme fidèle doit être béatifié pour le salut, lorsqu'ils disent en eux-mêmes : Je crois en Dieu, et les autres paroles qui concernent la foi bienheureuse. C'est pourquoi elle gémit, attirant plus haut ceux qui sortent de sa bouche, sans que son intégrité soit lésée, car cette mère bienheureuse soupire dans son cœur, lorsqu'elle consacre par le baptême, avec l'onction du saint chrême, dans la sanctification du saint Esprit, afin que l'homme, dans la vraie circoncision de l'esprit et de l'eau, soit innové, en l'élevant de cette manière à la vraie béatitude, qui est le but de toute chose ; et qu'il devienne ainsi membre du Christ, lorsque par l'invocation de la sainte Trinité, comme par la bouche de la bienheureuse Marie, l'homme est régénéré pour le salut. Cette mère ne souffre aucune lésion, parce qu'elle doit rester pour l'éternité dans l'intégrité de sa virginité, ce qui est de foi catholique, car elle est née dans le sang de l'agneau véritable, son époux qui, sans aucune corruption de son intégrité, est né de la Vierge très pure. Ainsi elle-même restera l'épouse immaculée, que nul schisme ne pourra corrompre.

Souvent cependant elle est persécutée par la perversité des hommes, mais avec l'aide de son époux elle se garde très puissamment ; comme la vierge qui, souvent, dans la concupiscence de la chair, est poursuivie par la malice du démon et par les suggestions de beaucoup d'hommes, mais cependant, par les prières qu'elle adresse au Seigneur, elle se délivre vaillamment de leurs tentations, et conserve sa beauté (virginale). Ainsi pareillement l'Eglise repousse les corrupteurs pervers qui propagent les hérésies, celles des mauvais chrétiens, aussi bien que des Juifs et des autres infidèles qui l'infectent, voulant corrompre sa virginité, qui est la foi catholique, mais elle leur résiste courageusement de peur d'être corrompue, car elle a toujours été vierge, elle l'est et le restera ; sa vraie foi qui est la matière de sa virginité, restant toujours à l'abri de toute erreur ; comme l'honneur d'une vierge chaste persévère, dans la matière de la pudeur de son corps, en se préservant de toute souillure de passion. C'est pourquoi l'Eglise est la mère vierge de tous les Chrétiens ; parce qu'elle les conçoit et les enfante par le mystère du St-Esprit, en les offrant à Dieu, de telle sorte qu'ils sont appelés les Fils de Dieu. Et de même que le St-Esprit a couvert de son ombre la bienheureuse mère, pour qu'elle engendrât et enfantât merveilleusement, sans douleur, le Fils de Dieu, et qu'elle restât cependant vierge ; ainsi pareillement l'Eglise, bienheureuse mère des croyants, est illustrée par le St-Esprit ; et elle conçoit et engendre simplement des fils, sans aucune corruption, en restant vierge.

Comment cela ? Comme le baume dégoutte de l'arbre et comme les remèdes efficaces coulent du vase d'onyx qui les renferme, et comme la splendeur rayonnante jaillit sans entrave de l'escarboucle : ainsi le Fils de Dieu est né d'une vierge, sans aucun obstacle de corruption, et ainsi l'Eglise son épouse engendre ses fils, sans aucune souillure d'erreur, et restant vierge dans l'intégrité de la foi.

Mais tu vois comment cette splendide lumière, et, dans elle, la forme de l'homme toute rayonnante d'un feu brillant, t'apparaît de nouveau comme dans une vision précédente : c'est parce que la vraie Trinité, dans la véritable unité, à savoir la splendide lumière du Père, et dans le Père, son Fils très doux, qui est avant le temps dans le Père selon la divinité, mais est conçu du St-Esprit et né de la Vierge, selon la chair et dans le temps, comme il t'a été indiqué dans une vision véritable, t'est montrée maintenant aussi pour la confirmation de la foi ; parce que la même Trinité bienheureuse apparaît, le ciel ouvert, aux baptisés dans le baptême, afin que l'homme fidèle accepte cette foi et qu'il honore un Dieu en trois personnes ; et cette (trinité) apparut aussi véritablement dans le premier baptême.

Et, retirant à tous leur peau noire pour les rejeter loin de la voie, elle revêt chacun d'eux de la robe d'innocence, et leur découvre une splendide lumière, en leur disant les paroles de bon conseil ; parce que la divine puissance qui voit les cœurs des hommes, efface miséricordieusement l'infidélité de leurs crimes dans l'eau du baptême, et rejette loin de la voie, qui est le Christ, ces péchés ; parce que la mort n'est pas dans le Christ mais la vie, par la confession sincère et par l'ablution des péchés ; puisque par lui, chaque fidèle est revêtu de la robe du salut ; et par lui, la porte rayonnante de clarté du bienheureux héritage duquel le premier homme a été chassé, lui est ouverte ; étant averti, par les paroles de la vérité, de déposer sa vieille habitude de l'iniquité pour accepter, en vue du salut, le nouveau don de la grâce.

Mais que les enfants qui étaient rentrés dans le ventre de l'image, marchent dans la splendeur qui l'environne : cela signifie que ceux dont la sainte Eglise est devenue la mère, dans la fontaine du saint baptême, doivent rester dans la loi divine qui embellit et orne cette mère, et dont elle les a instruits pour qu'ils la conservent toujours, de peur qu'en l'abandonnant, ils ne se souillent de nouveau des péchés dont ils ont été purifiés. Aussi, les regardant avec bonté, elle dit d'une voix triste : que ces fils qui sont siens rètourneront en poussière ; parce que la même bienheureuse mère, les aimant d'un amour intérieur et compatissant à leurs maux du fond de ses entrailles, se plaint que ceux qu'elle a engendrés dans le bain de la régénération, et qui ont été purifiés pour les choses célestes, de nouveau attirés par les biens terrestres, se vautrent dans le péché. Comment ? Parce que beaucoup, acceptant extérieurement la foi, la combattent intérieurement par des vices divers, suivant davantage la voie de l'erreur que celle de la vérité ; du nombre desquels cependant plusieurs reviennent de l'erreur, et d'autres persévèrent dans l'iniquité ; comme le démontre cette mère par les paroles ci-dessus.

Car les hommes se reconnaissent à deux signes indiqués par la loi, à savoir : la circoncision pour les anciens pères, et le baptême pour les nouveaux docteurs ; et les hommes leur sont insoumis comme le bœuf à son joug, car, bien qu'il soit contraint par l'aiguillon, il tracerait un sillon de travers, s'il n'était pas assujetti au joug. De la même manière, les hommes ne marcheraient pas dans mes voies, s'ils n'étaient assujettis au joug de mes signes. C'est comme si un jeune homme, marchant par quelque sentier, son père lui disait : *Marche par le droit chemin* ; sans lui donner cependant un glaive ni d'autres armes belliqueuses, pour se défendre en cas de péril. Que-ferait-il alors ? Il fuirait dénudé, et n'oserait ni ne pourrait se défendre du péril qui le menacerait, pour le détourner de sa route ; mais il se cacherait, parce qu'il ne serait pas défendu par l'armure terrible qui pourrait le préserver.

Ainsi, mon peuple serait nu s'il n'était pas baptisé ; c'est pourquoi il apparaît terrible à ses ennemis qui le voient marqué de l'onction du baptême, par lequel signe il résiste puissamment à ceux qui veulent le détruire, que ce soit la foule humaine ou la légion diabolique.

Mais une double loi ne devait pas être donnée à Adam. Comment ? Je lui ai donné une loi, à propos de l'arbre (de la science du bien et du mal), lorsqu'il me regardait dans l'innocence de son cœur ; mais lui-même me méprisa en se soumettant aux perfides suggestions de Satan ; ce qui fut si nuisible, qu'il ne peut plus me voir de ses yeux mortels, tant qu'il reste dans ce siècle qui passe. Mais, parce qu'Adam transgressa mon précepte, il demeura sans loi avec tout le genre humain, jusqu'au temps où fut prédite la grande naissance du Fils de Dieu. Et l'avertissement du St-Esprit à Noé fut fait lorsque le genre humain se hâtait vers sa perte : alors, sur le déluge, s'érigea l'arche, parce que Dieu prévit, avant les siècles, qu'après cette humanité qui s'était souillée de la plus noire iniquité, une nouvelle race devait surgir. Car, après la mort d'Adam, sa race, ignorant que je suis Dieu, errait en disant : Qui est Dieu ? qui est Dieu ? Et alors naissait parmi eux tout mal, de telle sorte que l'antique serpent, ayant brisé ses liens, courut au milieu d'eux pour leur persuader de faire toute sa volonté. Car il était déchaîné alors ;

de telle sorte que, sans être menacé avant le déluge, l'avertissement du Saint-Esprit lui était un obstacle, comme je fus son adversaire en Noé par lequel naquit une nouvelle race ; lorsque j'instruisis tellement mon peuple, qu'il ne pût oublier mes leçons. Car l'avertissement du Saint-Esprit fut la première menace qui lui fut adressée en Noé ; mais ensuite, la circoncision le frappa à la mâchoire, dans la personne d'Abraham ; et après, l'Eglise le lia pour une ère nouvelle, jusqu'au temps où le monde passera, au dernier jour.

Mais moi, je permis que Satan exerçât sa puissance dans le monde, avant le déluge, à cause de l'antique combat dans lequel il vainquit Adam, jusqu'à ce qu'il eût rempli son ventre du cadavre de toute iniquité ; et cela, je le permis parce que mon jugement est juste. C'est pourquoi aussi je suscitai les eaux du déluge, et je fis mourir les pécheurs, réservant pour mes desseins mystérieux Noé, que le même Satan ne put dépouiller ; parce que, par ma volonté, (il l'emportait) sur le déluge. Et moi, je désignai dans le déluge un germe très pur, à savoir en annonçant au nouveau siècle mon Fils qui, venant silencieusement dans le monde, manifesta que la sainte Trinité devrait être véritablement adorée. Comment?

Il montra trois ailes qui signifient la sainte Trinité ; où toi Synagogue, tu me renieras, là, un autre peuple me reconnaîtra, et toi tu me glorifieras, ô Abraham. Car tu es fortifié par la circoncision, tu es environné de la forteresse de l'Ancien Testament, tu es orné de l'aurore du soleil de l'Eglise. Car je t'ai donné, à toi et à ta race, la circoncision, jusqu'à la venue de mon Fils, qui remettra ouvertement les péchés des hommes, et qui fera tomber la circoncision charnelle de l'ancien prépuce ; lorsque la fontaine du baptême surgira véritablement, dans la sanctification du bain de mon Fils. — Mais ceux qui de ta race ne furent pas circoncis, au temps qui leur avait été prescrit, qu'ils fussent jeunes ou avancés en âge, transgressèrent le pacte de mon alliance, excepté les femmes auxquelles la circoncision ne fut pas ordonnée ; car la femme ne peut être circoncise, parce que le sein maternel est en elle, et ne peut être touché extérieurement ; et parce qu'elle est sous la puissance du mari, comme le serviteur sous celle de son maître. Car l'homme a trois mobiles de ses actes : la concupiscence, la force et l'amour.

La concupiscence embrase la force et l'inclination vers l'objet, l'ardeur de la volonté proviennent des deux. Cela est ainsi, de même que dans la création d'Adam trois causes se manifestent, parce que la volonté de Dieu a formé l'homme pour manifester sa puissance, et il a complété son œuvre, pour prouver son amour infini, lorsqu'il a créé l'homme à son image et à sa ressemblance. D'une part, la volonté de Dieu, de l'autre, la concupiscence de l'homme ; la puissance de Dieu et la force de l'homme ; l'amour provenant de la volonté et de la puissance de Dieu, l'inclination de la concupiscence et de la force de l'homme. De cette manière, le genre humain est procréé par l'homme, de la femme, parce que Dieu a fait l'homme du limon de la terre, et la femme est constituée, en vertu de l'honneur, procréatrice, pour l'enfantement, comme la terre, en vertu du germe, pour produire des fruits. Comment cela ? La femme, au temps voulu, sent se révéler en elle cette humeur qui verse en elle la chaleur et la vertu procréatrice ; sans quoi, elle ne recevrait pas volontairement l'homme ; mais le méprisant, elle s'opposerait à sa volonté, et la procréation ne se produirait pas. Car si elle n'avait pas en elle, par la chaleur, la vertu procréatrice, elle resterait stérile, comme la terre aride qui ne peut être fécondée. Mais cette vertu ne produit pas toujours dans la femme, par la chaleur, l'incendie de la concupiscence ardente, avant que, touchée par l'homme, elle ressente l'ardeur de la passion : car, dans elle, la concupiscence n'est pas si forte et si ardente que dans l'homme, qui est puissant comme le lion, pour la concupiscence de l'œuvre de procréation ; de telle sorte qu'il a la force de la concupiscence et de l'acte ; la femme ne pouvant que se soumettre à l'empire de sa volonté, car elle est occupée à la procréation, jusqu'à ce qu'elle produise ses fils dans le monde.

Lorsque la femme aime mon Fils, désirant, dans son amour, observer la virginité : elle est toute belle dans son lit nuptial, parce qu'elle méprise l'ardeur qu'elle supporte pour sa charité ; ne voulant pas se laisser consumer par le feu de la passion, persévérant dans sa pudeur, car elle méprise l'homme charnel dans ses épousailles spirituelles, aspirant de tout son désir à la possession de mon Fils et repoussant le souvenir de l'homme charnel. O rejetons très chers ! ô fleurs plus douces et plus suaves que tous les parfums ! où la débile et faible nature s'élève comme l'aurore pour les épousailles de mon Fils, l'aimant d'un chaste amour, elle, étant son épouse, et lui étant son époux ; car il aime infiniment cette race de vierges, qui doit être ornée de parures insignes dans le royaume d'en-haut. Mais encore ?

Lorsque la vertu de l'homme refuse de contracter le lien matrimonial, de telle sorte que l'homme, pour l'amour de mon Fils, se contraigne dans la vigueur de sa nature qui s'épanouit en vue de la procréation, réprimant ses membres pour qu'ils n'exercent pas la concupiscence de la chair : cela m'est très agréable, parce que l'homme, de cette manière, est vainqueur de soi-même. C'est pourquoi je le ferai le compagnon de mon Fils, et je le placerai comme un miroir très pur devant sa face, parce qu'il résiste courageusement au démon, qui avait attiré à lui le genre humain, par l'infidélité de sa faute honteuse. Pour qu'il fût arraché de ses liens, j'ai envoyé mon Fils dans le monde, né d'une Vierge très douce, sans aucune souillure du péché ; faisant couler la fontaine du salut, que lui-même l'agneau innocent consacra, afin que le prépuce (la marque) de l'ancien crime fût aboli par lui. Que signifie cela ? Le prépuce très fâcheux, c'est le crime de la transgression d'Adam, que mon fils enleva, lorsque lui-même, entrant dans la fontaine du salut, consacra divinement la cohorte chrétienne, afin que l'antique serpent qui avait trompé l'homme, fût noyé dans ce bain. Comment ? Le Fils répond à la condition de son Père, et garde son héritage. Que signifie cela ? La race d'Adam, par sa transgression, fut chassée du Paradis ; et par le baptême du salut, elle reçut de mon Fils une nouvelle vie. Comment ? Lui-même fit entendre la voix de la bonne parole, aux incrédules qui résistèrent à mes préceptes ; de telle sorte que, dans la crainte, ils demandassent le pardon dans un esprit de contrition, comme Isaïe mon serviteur, selon ce qu'il a reçu de moi, en rend témoignage en disant : Et ils viendront à toi, les fils humiliés de ceux qui t'avaient abaissé; et ils adoreront les vestiges de tes pas, ceux qui te calomniaient (1) — Que signifie cela ?

O toi qui es la paix suprême et le soleil très pur, par toi germera la racine vivante, qui est la régénération de l'esprit et de l'eau ; lorsque viendront à te connaître ceux qui, dans l'infâmie de leurs crimes, étaient sous le coup de la malédiction ; et ainsi, humiliés, ils se lèveront enfin pour la vérité et pour la justice. Comment ? Ils goûteront eux-mêmes la maternelle douceur de la vraie foi, en la voyant réellement, sans la comprendre ; mais en la saisissant par la fidélité de leur croyance. Et quels sont ceux-là ? Ceux qui, sortis du milieu d'eux par la matérialité du péché, ne te virent

(1) Et venient ad te curvi filii eorum qui humiliaverunt te, et adorabunt vestigia pedum tuorum omnes qui detrahebant tibi. (Isa., LX).

mais avec une charité ardente ; mais en t'opprimant cruellement, t'affligèrent obstinément, comme si tu ne l'emportais pas sur eux ; et, revenant à des sentiments meilleurs, t'aimèrent affectueusement. Et c'est pourquoi, lorsqu'ils auront embrassé la vraie foi, ils te regarderont comme leur roi et t'adoreront comme Seigneur, et ils se hâteront de courir, en suivant les sentiers sacrés que tu leur as indiqués ; de telle sorte qu'ils te contempleront toujours, les mains levées vers toi, et ils seront toujours avec toi dans l'accomplissement des bonnes œuvres, par la foi, c'est-à-dire sans éprouver d'ennui en ta présence ; et ceux-là agiront ainsi, qui, auparavant, te déchirèrent sans crainte et sans respect, et qui, dans la haine et l'envie, se séparèrent de toi, avant que, te voyant dans l'ardeur de leur foi, ils s'unissent à toi amoureusement. Que signifie cela ?

La chute d'Adam ferma le ciel dans mon indignation, lorsque l'homme me méprisa et qu'il écouta la fourberie du serpent. C'est pourquoi la gloire du paradis lui fut interdite. Et cette déchéance dura jusqu'à la manifestation de mon Fils qui, par ma volonté, entra dans les eaux du Jourdain ; où ma voix retentit clairement, lorsque je dis qu'Il était mon Fils bien aimé, dans lequel j'ai mis toutes mes complaisances ; parce que je voulus, à la fin des temps (marqués), racheter l'homme par mon Fils, qui m'est uni d'un lien d'amour, aussi indissolublement que le rayon adhère au miel, et qui aussi me désignait, moi fontaine de vie, lorsque lui, fontaine du salut, ressuscitait les âmes de la mort éternelle, en leur accordant la rémission des péchés, dans l'eau, par le St-Esprit. C'est pourquoi le St-Esprit lui apparut, parce que la rémission des péchés se fait par lui aux fidèles, quand, par un mystère mystique, le St-Esprit, sous la forme d'une colombe douce et naïve, manifesta mon Fils unique ; car le St-Esprit est la justice infinie et le sincère distributeur de tous les dons parfaits.

Et cela était convenable, parce que mon Fils est né d'une vierge, sans aucune souillure de crime, afin que l'homme aussi, qui est né avec le péché, de l'homme et de la femme, pût renaître splendidement et glorieusement sans péché, comme mon Fils dit lui-même à Nicodème dans l'Evangile : *En vérité, en vérité, je te le dis, si quelqu'un ne renaît pas de l'eau et de l'Esprit, il ne peut rentrer dans le royaume de Dieu.* (1) Que signifie cela ? Je te le dis avec une certitude constante et non avec une ambi-

(1) Amen, amen dico tibi, nisi quis renatus fuerit ex aqua et spiritu, non potest introire in regnum Dei. (Joan. III)

guité instable, à toi qui es né de la corruption : que l'homme qui a été engendré dans la chaleur de la concupiscence et enveloppé d'un vêtement contaminé, s'il ne renaît pas dans la vraie joie du nouvel enfantement, dans l'eau de la sanctification et l'esprit d'illumination, sera confondu dans le temps de sa négligence. Comment ? Parce que l'homme, comme l'eau, inonde avec l'esprit de sa force, car, de même que l'eau purifie les souillures, et que l'esprit vivifie les choses inanimées, (s'il n'est pas purifié dans une génération véritable), il ne pourra, par la porte du salut, devenir l'héritier du royaume de son Créateur, parce qu'il est embarrassé dans les liens du péché du premier père, que Satan a trompé frauduleusement. Comment ? Car, de même que le voleur qui veut prendre le trésor précieux du roi, rentre furtivement: ainsi une conception défectueuse s'insinue par l'orifice creusé par l'artifice de Satan, de telle sorte qu'il enlève méchamment lui-même, en ceux qui sont le tabernable du St-Esprit, la perle de l'innocence et de la chasteté. C'est pourquoi maintenant ils doivent être purifiés par l'opération sainte de l'ablution. Car l'ardeur mortelle que la passion embrasa dans l'augmentation de la concupiscence, provenant de la prévarication des préceptes du Dieu tout-puissant, devait être éteinte (submergée) par celui qui ne cache jamais envieusement ses merveilles, mais les dévoile miséricordieusement dans son amour incompréhensible. Ecoutez donc le Fils, dans sa constitution, en vue de la régénération qui est la révélation de mon royaume ; et apprenez de lui, à accomplir mes préceptes. Faites ainsi, car cela m'est agréable, et prenez garde que l'antique serpent ne vous séduise ; et vous ne mourrez pas, si vous gardez (l'innocence) de votre baptême, comme il vous est ordonné, au nom de la sainte Trinité. Et toutes les fois que vous tomberez, relevez-vous en vous corrigeant, par la pénitence que vous ferez de vos fautes, selon ma miséricorde. O vous, mes fils bien-aimés, reconnaissez la bonté de votre père, qui vous a délivrés en vertu de ses mérites, par la confession sincère et le pardon véritable, de la gueule du démon ; et qui vous a octroyé tous les biens, en vertu desquels vous devez travailler pour posséder la céleste Jérusalem, que vous avez perdue par une fourberie désastreuse ; car nul ne peut récupérer l'héritage perdu, que par la sueur du travail. Mais vous pouvez recevoir la suprême béatitude, c'est-à-dire l'excellence de votre héritage facilement et non en vertu d'une loi difficile. Car le St-Esprit, comme il a été dit, chasse de l'homme la puissance de Satan, par le baptême, le sanctifiant comme un homme nouveau, par la régénération ; afin qu'il puisse recouvrer les joies perdues. C'est pourquoi, quiconque veut être sauvé par la purification des péchés, ne refuse pas d'être régénéré.

Car j'ai ordonné aux mâles de la race d'Abraham la circoncision d'un seul membre ; mais, par mon Fils, j'ai prescrit aux hommes et aux femmes de tous les peuples la circoncision de tous les membres. Comment ? La Circoncision du baptême a pris son origine dans le baptême de mon Fils ; et elle doit durer jusqu'au dernier jour ; et après ce jour sa sainteté durera pour l'éternité et n'aura pas de fin ; et ainsi, ceux qui seront circoncis dans le bain du baptême se conserveront, s'ils persévèrent dans l'innocence baptismale, par l'accomplissement des bonnes œuvres ; parce que je recevrai l'homme, jeune ou avancé en âge, s'il est fidèle à l'alliance qu'il a contractée avec moi, en croyant à ma parole, en me confessant dans la Trinité véritable, par lui-même ou par ceux qui répondaient pour lui, soit qu'il fût enfant, ou qu'étant muet et privé de la parole, il dût emprunter le langage d'autrui ; et je ne le perdrai pas pour l'éternité, comme celui qui aurait refusé de recourir à cette fontaine, et d'accomplir les œuvres de la foi ; ainsi qu'il est écrit dans la doctrine de l'Evangile de mon Fils : *Celui qui croira et sera baptisé, sera sauvé ; mais celui qui ne croira pas sera condamné.* (1) Que signifie cela ? L'homme qui, par sa science qui est l'œil intérieur, voit ce qui est caché au regard extérieur, et ne doute pas de ces choses, celui-là croit d'une

(1) Qui crediderit et baptizatus fuerit, salvus erit ; qui vero non crediderit condemnabitur. (Marc. XVI)

manière très sûre, et c'est la foi. Car, ce que l'homme voit extérieurement, il le connaît aussi extérieurement; et ce qu'il voit en son intérieur, il le considère également en lui-même. C'est pourquoi, lorsque la science de l'homme regarde amoureusement, par le miroir de la vie, l'incompréhensible divinité que l'œil extérieur ne peut contempler: alors les désirs de la chair sont réprimés et se heurtent contre la pierre. Aussi l'esprit de cet homme aspire vers les vrais sommets, ressentant cette régénération, que le Fils de l'homme, conçu du St-Esprit, apporta, qu'une mère très pure reçut, non de la chair de l'homme qui peine dans la volupté, mais par un mystère du créateur de toutes choses. Ce Fils plein de douceur, venant (en ce monde) montra dans l'eau un très pur et vivant miroir ; de telle sorte que, par lui, l'homme vit dans la régénération. Car, de même que l'homme naît de la chair, par la divine puissance qui le crée sur la forme d'Adam : ainsi le Saint Esprit restitue la vie à l'âme, par le baptême de l'eau, lorsqu'elle reçoit en elle l'esprit de l'homme, pour le ressusciter à la vie, comme auparavant il a été suscité dans le sang lorsqu'il s'est manifesté dans le vase corporel. De même en effet que la forme de l'homme prend une manière sensible, lorsqu'elle est appelée homme : ainsi l'esprit de l'homme, devant les yeux de Dieu, est vivifié dans l'eau (baptismale), afin que Dieu le reconnaisse pour l'héritage de vie. De là vient que celui qui (se purifie) à la fontaine du salut, et ne viole pas le pacte de justice, trouve la vie dans le salut, parce qu'il a cru fidèlement. Mais celui qui ne veut pas croire est mort, parce qu'il ne possède pas le souffle de l'esprit, qui peut le faire voler dans les hauteurs du ciel. Or dans son aveuglement il tâtonne, ne vivant pas dans la science ténébreuse de la chair, parce qu'il ignore la discipline de vie, que Dieu a inspirée à l'homme, qui veut monter plus haut contre la volonté de la chair. C'est pourquoi, celui-là sera condamné dans la mort d'infidélité, parce qu'il n'a pas reçu le baptême du salut. Car je n'ai écarté ni les temps ni les races de ce salut, mais j'ai donné miséricordieusement cette vocation à tout peuple, par mon Fils.

En effet, en quelque-temps que ce soit, des heures qui passent, de quelque sexe ou de quelque âge que soit l'homme, mâle ou femelle, enfant ou vieillard, lorsqu'il reçoit le baptême dans un sentiment de dévotion, je le reçois avec l'aide de l'amour. Et je ne refuse pas le bain du baptême de l'enfant, comme quelques faux docteurs le disent ; et ils mentent en prétendant que je dédaigne une telle oblation, puisque dans l'Ancien Testament je n'ai pas refusé la circoncision de l'enfant, que lui-même ne pouvait demander de sa voix, ni accepter par sa volonté, mais que les parents accomplissaient pour lui. Ainsi pareillement, dans la nouvelle grâce, je ne dédaigne pas le baptême de l'enfant, quoiqu'il ne le demande ni par sa parole ni par son consentement ; mais ces choses se faisant pour lui, par l'intermédiaire des parents. Et cependant, si celui-là (le baptisé) désire mériter le salut, il doit accomplir le plus équitablement la promesse fidèle que les siens ont faite pour lui, en le présentant à la fontaine Sacrée. Ils doivent être trois, en l'honneur de la sainte Trinité, à savoir : le prêtre qui le baptise, et deux autres qui prononcent pour lui les paroles de foi. Mais ceux là sont ainsi unis par le baptême au baptisé ; et ils ne peuvent lui être unis pour la procréation charnelle, à cause du lien spirituel qui les attache à lui. Car, dans le baptême de mon Fils, moi Père, *je me manifestai* : ce que montre le prêtre qui bénit dans l'administration du baptême ; et le St-Esprit descendit sous la forme d'une colombe : ce qu'indique, dans la simplicité du cœur, celui qui parle pour l'instruire à celui qui reçoit le baptême ; et mon Fils qui devait être baptisé dans la chair était là : ce qu'indique la femme présente dans sa douceur maternelle, pour la très douce incarnation de ce même Fils. Et maintenant ? De même que l'enfant se nourrit corporellement du lait et des mets à lui préparés par un autre : ainsi pareillement, il doit observer du fond du cœur la doctrine et la foi à lui proposées dans le baptême. Que, s'il ne suce pas le sein maternel et ne prend pas la nourriture qu'on lui prépare, il meurt incontinent : de même, s'il ne reçoit pas la nourriture de sa très pieuse mère l'Eglise, et ne garde pas les paroles que les fidèles docteurs proposent dans le baptême, il n'évite pas la cruauté de la mort de l'âme, parce qu'il refuse le salut de son âme et les délices de la vie éternelle. Et de même quc, pour l'enfant qui ne peut mâcher de ses dents la nourriture corporelle, un autre les prépare pour lui, de peur qu'il ne meure : ainsi pareillement il faut faire, lorsqu'il n'a pas de parole, pour confesser ma foi dans le baptême ; des tuteurs spirituels doivent lui proposer la nourriture de vie, c'est-à-dire la foi catholique, de peur qu'il ne tombe dans les liens de la mort éternelle. Comment ? Le Seigneur propose à son serviteur sa volonté, par la voix de celui qui enseigne, et il l'accomplit par la crainte ; et la mère instruit sa fille dans la charité, et celle-ci observe ses paroles avec fidélité; et de même, les débiteurs de la foi profèrent, d'une manière opportune, les paroles du salut au baptisé, afin que celui-ci les observe avec une fidèle dévotion, pour l'amour des biens célestes.

Car nul n'est écrasé sous le poids des péchés, si, au nom de la très Sainte Trinité, est envoyé dans le St-Baptême, celui qui efface toute souillure de ses péchés; comme dans l'enfant qui est plongé dans la fontaine de la régénération, j'efface véritablement l'ancienne faute d'Adam. Mais tu n'admires pas, ô homme, que dans la fontaine du baptême, l'homme soit justifié de tous ses péchés, de telle sorte qu'il est débarrassé miséricordieusement en elle, du poids de ses péchés. Car, l'innocent agneau qui, sans aucune souillure du péché, est rentré dans les eaux du baptême, en vertu du grand moyen de sanctification qu'est son incarnation, a ôté miséricordieusement, dans le baptême, les péchés des hommes. — Mais je scrute toutes choses minutieusement, et dans ce siècle et dans l'éternité, où la mort des corps n'est pas ; et toutes choses sont (pour moi) sans voiles. Que signifie cela ? La géhenne se prouve par les œuvres de mort, et la vie éternelle par les œuvres qui sont un gage de vie. Comment ? La mort se prouve par la mort, parce que lorsque l'homme, par un juste jugement de Dieu, meurt dans le péché sans la pénitence et sans la miséricorde de Dieu (qu'il ne demande pas), sa mort se résoud par la mort de l'enfer. Mais la vie se prouve par la vie, de telle sorte que les bonnes œuvres resplendissent dans le ciel, lorsqu'elles sont dominées par la vie éternelle. Ainsi donc, ceux qui sont baptisés dans la fontaine de bénédiction, sont éprouvés dans les œuvres de sainteté de la régénération sainte. Et lorsque, dans ce cas, je suis invoqué par les supplications de la bénédiction du prêtre, mes oreilles s'ouvrent aux paroles de foi, bien que celui qui m'invoque alors soit dans les entraves du péché. Car, quoique le prêtre soit un pécheur, cependant j'accepte de lui l'office du baptême, s'il l'exerce fidèlement par l'invocation de mon nom. Mais son iniquité sera sa propre condamnation, s'il y persévère sans faire pénitence. Toutefois, je ne refuse pas de recevoir de lui la célébration du baptême, lorsqu'il m'invoque avec les paroles de foi. Que signifie cela ? Si quelque homme riche a un intendant, qui dispense avec justice ses biens à ses soldats, exerçant ainsi fidèlement son emploi, bien que ce même dispensateur se rende coupable, sur un autre point de sa gestion, son maître cependant ne dédaigne pas de recevoir de lui ses bons offices, en lui disant peut-être : Tu es un mauvais serviteur dans l'accomplissement de ton devoir. Ce qui fait qu'il le considère comme indigne dans son esprit, sans toutefois dédaigner de recevoir les œuvres de sa justice. Ainsi pareillement, moi qui ai nombre de dispensateurs, je ne refuse pas de recevoir mon sacrement des mains du prêtre qui, oint légitimement, demeure fidèlement dans son office, bien qu'il soit répréhensible sur ses autres œuvres ; et tout en le jugeant contraire à moi, par ses autres actes injustes, je ne refuse pas cependant de recevoir de lui ce qui est mien.

Que si quelqu'un veut être baptisé, pensant que la séparation de son âme et de son corps est proche, et qu'ayant demandé un prêtre, il ne puisse l'obtenir : alors, si quelqu'un verse sur lui l'eau, en invoquant la Sainte Trinité, il est baptisé. Et par cette ablution, il reçoit la rémission de ses péchés et la grâce de la suprême béatitude, parce qu'il est baptisé dans la foi catholique, et ce baptême ne pourra être changé. Mais cependant, dans cette invocation, aucune de ces trois ineffables personnes ne peut être omise, car, si quelqu'une des trois est omise par infidélité dans l'invocation, alors la vérité n'opère pas le salut, mais plutôt l'erreur cause la déception. Donc, l'invocation de cette ineffable Trinité ne peut faire défaut ; car la Trinité se manifesta dans le baptême très pur de mon Fils ; et elle déclara merveilleusement, par elle-même, ses miracles. C'est pourquoi, que les hommes qui veulent être sauvés reçoivent, en vue du salut, la régénération de la vie ; et qu'ils ne négligent pas de la recevoir, s'ils ne veulent périr ; car, de même qu'un avorton, qui périt sans chaleur vitale, est rejeté sans qu'il puisse s'attacher aux entrailles maternelles, ni dans sa formation ni dans son accroissement ; ainsi pareillement, dans le péril de mort, restent sans la consolation du St-Esprit, ceux qui ne sont purifiés ni dans l'esprit, ni dans l'acte du Sacrement de l'Eglise, qui est la mère de toute sainteté. Que tous les peuples écoutent et entendent ces paroles, s'ils veulent pénétrer dans le royaume de Dieu, par la régénération de l'esprit et de l'eau, selon ce qui leur a été proposé dans les Saintes Ecritures par le don du St-Esprit.

Mais celui qui voit de ses yeux ouverts, et écoute de ses oreilles attentives, fait ses délices de ces paroles mystiques, qui émanent de moi qui suis la Vie.

VISION QUATRIÈME

SOMMAIRE. — Que tout baptisé doit être orné et fortifié par l'onction de l'évêque. — Que l'immense et infinie douceur du St Esprit est communiquée dans la Confirmation. — Que l'ineffable Trinité se manifeste dans la confirmation, et se déclare par de puissantes vertus. — Que l'Eglise, munie de l'onction du St-Esprit, ne peut jamais être précipitée dans l'erreur de perversité. — Les paroles de Moïse sur le même sujet. — Que le baptisé non confirmé possède la lumière du baptême, mais non l'ornement et l'onction du docteur suprême. — Qu'en l'honneur du St-Esprit, la confirmation ne peut être donnée que par les seuls évêques. — Celui qui tient les mains du futur confirmé ne peut lui être uni par les liens du sang. — Celui qui après le baptême revient au démon, s'il ne se repent, sera condamné ; mais celui qui garde fidèlement la grâce du baptême est accepté par Dieu, l'église priant Dieu pour ses fils. — Trois manières dont l'Eglise résonne comme une trompette. — Des divers modes de baptêmes, — Paroles d'Ezéchiel sur le même sujet.

Et ensuite, je vis comme une tour ronde immense, formée d'une seule pierre intacte et resplendissante de blancheur, ayant trois fenêtres à son sommet, par lesquelles une si grande lumière éclata, que même le toit de la tour qui s'était érigé comme dans une cavité, se voyait sans nuage dans la clarté de cette lumière. Et ces fenêtres étaient environnées de superbes émeraudes. Et cette tour était posée au milieu du dos de la femme de la dite image, à l'instar de quelque tour placée dans les murs d'une ville, de telle sorte que cette image, à cause de sa force, ne pouvait tomber en ruines.

Et je vis les enfants qui entraient (comme il a été dit) dans le ventre de l'image, resplendissants d'une grande clarté ; parmi eux, les uns étaient ornés, du front jusqu'aux pieds, comme de rayons d'or ; les autres resplendissants de lumière n'avaient pas cette couleur. De même, quelques-uns d'entre eux contemplaient une splendeur pure et lucide, les autres une lueur pourpre et trouble tournée vers l'orient. Mais, parmi ceux qui considéraient la splendeur pure et lucide, quelques-uns, ayant des yeux clairvoyants et des pieds robustes, s'avançaient puissamment dans le ventre de cette image. Mais les autres, aux yeux faibles et aux pieds débiles, étaient poussés çà et là par le vent. Et, tenant un bâton dans leurs mains, ils couraient devant l'image et ils la frappaient quelquefois, mais faiblement.

Quelques-uns au contraire, aux yeux clairvoyants mais aux pieds débiles, couraient çà et là dans l'air devant l'image. D'autres avaient les yeux faibles mais des pieds robustes, et cependant, ils marchaient lentement devant l'image. Mais, parmi ceux qui regardaient cette lueur pourpre et trouble, les uns avançaient allègrement et bien ornés, dans ladite image ; d'autres, se retirant d'elle, la combattaient et ruinaient ses justes constitutions ; parmi eux, quelques-uns revenaient humblement à elle, par les fruits de pénitence ; d'autres, restaient par mépris dans l'orgueilleux endurcissement de la mort. — Et j'entendis de nouveau une voix du ciel qui me disait :

De même que la nouvelle épouse de l'Agneau qui, après l'illustration des baptêmes, apparut dans le soleil de justice, qui a sanctifié le monde en le pénétrant de ses rayons, est embellie et confirmée dans la perfection de sa beauté : ainsi pareillement, l'homme fidèle qui reçoit la régénération par la vertu de l'esprit et de l'eau, doit être orné et fortifié par l'onction du docteur suprême ; afin que, façonné dans tous ses membres, dans le but de la béatitude, portant la plénitude du fruit de la souveraine justice, il recouvre parfaitement l'ornement de sa suprême beauté.

C'est pourquoi cette tour que tu vois, désigne l'embrasement des dons du St-Esprit, que le Père a envoyé dans le monde pour l'amour de son Fils, embrasant les cœurs de ses disciples de ses langues de feu ; par quoi ils devinrent plus forts, au nom de la Trinité sainte et véritable. Mais, que ces mêmes (disciples), avant la descente du Saint-Esprit, fussent assis enfermés dans leur cénacle : cela montre qu'ils avaient leur cœur fermé ; et ils étaient timides pour annoncer la justice de Dieu, et faibles pour supporter les peines de leurs adversaires.

Et parce qu'ils avaient vu mon Fils dans sa chair, ayant les yeux intérieurs (de l'âme) fermés, ils l'aimaient dans la chair, de telle sorte qu'ils ne voyaient pas alors la doctrine manifeste, qu'ils répandirent ensuite dans le monde, lorsqu'ils eurent reçu la force du St-Esprit. Et à sa venue, ils furent confirmés, de telle sorte qu'ils ne redoutaient désormais aucune peine, et qu'ils supportaient tout avec courage. C'est ce qui constitue la force de cette tour, par laquelle l'Eglise est si bien défendue, qu'aucune attaque de la fureur diabolique ne pourra l'emporter sur elle.

Mais, que tu la voies immense et ronde, ne formant qu'une seule pierre intacte dans sa blancheur, cela signifie que la douceur du St-Esprit est infinie, et qu'elle enveloppe de sa grâce toute créature ; de telle sorte que nulle corruption ne peut résister à sa vertu, dans l'intégrité de la plénitude de la justice ; parce que, ce torrent qui suit son cours, entraîne toutes les sources de sainteté dans les eaux limpides de son cours impétueux, dont aucune souillure ne vient ternir la clarté, parce que le St-Esprit lui-même est la lumière ardente et brillante, qui embrase puissamment les vertus éclatantes et ne s'éteint jamais ; et c'est pourquoi toutes les ténèbres s'évanouissent devant lui.

La tour a trois fenêtres à son sommet, d'où resplendit tant de lumière, que même le toit de cette tour, qui s'élève comme d'une cavité, s'aperçoit très clairement dans la splendeur de sa lumière, parce que l'ineffable Trinité se manifeste par l'effusion des dons de l'excellence du St-Esprit ; de telle sorte que, de la même bienheureuse Trinité, émane une si grande clarté de justice, par la doctrine des apôtres, que même de là, une puissante vertu de la divinité qui réside dans les hauteurs inaccessibles de sa toute puissante majesté, se manifeste ouvertement à l'homme, créature mortelle, autant qu'il lui est possible de l'entrevoir par la foi.

Aussi les fenêtres (de la tour) sont environnées de très belles émeraudes, car la bienheureuse Trinité est illustrée dans le monde entier, par les vigoureuses vertus et les afflictions des apôtres, dont la foi n'est jamais aride et stérile. Comment ? Parce qu'on sait de quelle manière ils ont été opprimés, à cause de leur foi en la vérité, par les persécutions des loups rapaces, ce qui les a rendus plus robustes pour livrer le combat, de telle sorte que, en combattant, ils constituèrent l'Eglise et ils la fortifièrent par de puissantes vertus, pour l'édification de la foi ; et ils l'ornèrent des splendeurs de la perfection. Et parce que l'Eglise, en vertu de l'inspiration du St-Esprit, s'est affermie dans ces perfections, elle veut et demande que ses fils soient ornés du signe du St-Esprit par son onction, de la même manière que le même St-Esprit pénétra le cœur des fidèles, par sa grande miséricorde qui est toute mystique, lorsque, sous la forme de langues de feu, par la volonté du Dieu le Père, il vint dans le monde. C'est pourquoi l'homme, purifié par le baptême du salut, doit être confirmé par l'onction du docteur suprême, de même que l'Eglise a été affermie sur la pierre inébranlable.

Aussi, cette tour est édifiée comme sur le milieu du dos de la dite femme de l'image, à l'instar d'une tour qui est placée dans le mur de la ville, de telle sorte que sa puissance la préserve de toute chute ; parce que le St-Esprit, en vertu de l'incarnation de celui qui est le véritable époux de l'Eglise, a accompli magnifiquement ses merveilles, et il a montré l'église si forte dans la défense de ses remparts, qu'à cause de cette force qui lui vient de ce don de flamme, elle ne peut jamais tomber dans l'erreur d'aucune perversité ; puisque, en vertu de la protection d'en haut, elle se réjouira toujours de l'amour de son époux, en conservant sa beauté sans tache et sans ride ; car mon Fils unique, conçu du St-Esprit, est né d'une vierge sans tache, ainsi que je l'ai dit à Moïse : *Voici, dit-il, ce qui m'a été dit : Tu seras posée sur la pierre, et lorsque ma gloire passera, je te placerai dans le creux de la pierre ; et ma droite te protégera, jusqu'à ce que je passe, et que je retire ma main, afin que tu voies mes mystères* (1). Que signifie cela ? Le miracle est proche, qui doit être accompli par ma volonté. Mais toi, d'abord, tu combattras à cause de la sévérité des préceptes légaux, en montrant

(1) Ecce inquit, est locutus apud me : Stabisque supra petram, cumque transibit gloria mea, ponam te in foramine petrœ, et proteget te dextera mea ; donec pertranseam, tollamque manum meam et videbis posteriora mea. (Exod., XXXIII).

leur vertu par leur signification extérieure, et tu ne rencontreras en eux ni la douceur, ni la suavité qui se trouvera dans mon Fils. Et cette dureté de la loi que tu graveras dans mon précepte, demeurera, pour la dureté des cœurs de pierre, jusqu'à ce que soit manifestée la gloire, qui doit m'être attribuée par toi et tes imitateurs avant la manifestation de mon Fils.

Et lorsque cela sera accompli dans la loi que tu écris, je serai glorifié, et je te placerai dans la pierre creusée. Comment? Je te placerai dans la dureté de la loi (1) lorsque, en vertu de mon précepte, je t'élèverai au-dessus d'elle, en te nommant le maître de cette antiquité que mon Fils traversera, en l'exposant plus que toi dans des paroles mystiques, lorsqu'au temps oppor-

(1) Loi de crainte opposée à la loi d'amour, l'Ancien Testament au Nouveau.

tun, je l'enverrai dans le monde. Et c'est pourquoi sa force te protègera ; parce que lui, apportera des paroles plus tranchantes que les tiennes, et il découvrira ce qui est caché dans les préceptes légaux ; jusqu'à ce qu'il revienne vers moi. Que signifie cela ? Lui-même donnera corporellement des préceptes (paroles) salutaires au monde, jusqu'au temps où dans sa chair qu'il prendra d'une vierge, il subira corporellement la mort. Alors je lèverai ma main ; parce que je l'élèverai vers moi au-dessus des astres, découvrant tous ses mystères par le St-Esprit ; et ainsi tu verras son incarnation, comme un homme que l'on voit de dos et non de face, parce que tu le connaîtras incarné ; mais tu ne saisiras pas sa divinité, car tes fils le verront mieux lorsqu'il reviendra vers moi, qu'ils ne le comprendront lorsqu'il conversera visiblement avec eux.

Et comme tu vois, ces enfants qui pénètrent dans le ventre de l'image (ainsi qu'il a été dit), rayonnants d'une grande clarté, signifient que ceux qui ont obtenu la maternité de l'Eglise, comme il t'a été montré, par l'innocence de leur cœur purifié dans la fontaine de la régénération, sont les fils de lumière, à cause de la purification de leurs péchés. Parmi eux, les uns sont ornés des pieds à la tête d'une auréole d'or ; parce que, du premier pas dans le chemin des bonnes œuvres jusqu'au sommet de la sainteté, ils sont ornés par la main du pontife, en vertu du saint chrême, des dons magnifiques du St-Esprit, dans l'onction de la vraie foi. Comment ? De même que les pierres précieuses décorent celui qui les porte : ainsi celui qui, avec la foi, reçoit l'onction du St-Chrême, par la main du docteur suprême, se montre orné de cette onction du baptême ; comme il est écrit : Le Roi traversait le torrent du Cédron, et tout le peuple s'avançait sur la voie des Oliviers qui regardait vers le désert. Que signifie cela ? Le Fils de la Vierge qui gouverne le monde entier, comme un roi terrestre, a traversé, pour le reste du peuple, les eaux torrentueuses du très saint baptême, ce qui, en vertu des saints désirs, sous l'inspiration du St-Esprit, indique la voie du salut. Que signifie cela ? Il est sorti de la mort pour passer à la vie, lorsque dans la régénération de l'Esprit et de l'eau, c'est-à-dire dans la splendeur de la céleste Jérusalem qui ne défaille jamais, il annonça la suprême béatitude. C'est pourquoi tout le peuple qui croyait en lui, marcha sous l'inspiration du St-Esprit, sur cette voie qui est signifiée mystérieusement par l'onction de l'huile, concernant la prévarication d'Adam, par laquelle avait été délaissée la beauté de l'héritage de la justice de Dieu ; et ayant pour but de faire revenir la postérité d'Adam sur la voie du salut ; parce que la blessure du péché du premier homme nécessitait l'onction sacerdotale ; mais il n'en était pas ainsi pour le fils de la Vierge, parce qu'il a été conçu dans la sainteté, sans que le sein de sa mère fût blessé ou souillé, mais conservant toujours la pureté parfaite. Car ce qui a été affaibli et troublé par la blessure occasionnée par la suggestion de Satan, doit être fortifié et orné par l'onction du saint chrême ; de telle sorte que la plaie sanglante que fait la concupiscence de la chair soit cicatrisée.

Mais d'autres, comme tu vois, ayant seulement la clarté, ne possédaient pas cette auréole d'or ; parce que, purifiés seulement dans l'ablution du baptême, ils n'avaient pas reçu l'onction du saint chrême, de la main du prêtre suprême (de l'évêque), qui est le signe resplendissant du St-Esprit. Que signifie cela ? L'onction de la confirmation, par le don du St-Esprit, appartient spécialement à l'office épiscopal, qui doit être exercé pour le peuple fidèle après la régénération de l'Esprit et de l'eau, lorsque l'homme croyant doit être confirmé (affermi) sur la pierre inébranlable. Comment ? Mon Fils a reçu le baptême dans son corps, le sanctifiant ainsi par sa chair ; dans laquelle il n'est pas divisé ; parce que lui seul il est le Fils vivant de la Vierge ; et c'est pourquoi, il est appelé le Fils de l'homme, parce que cette vierge ne l'a pas conçu de son sein, comme les autres femmes, mais elle l'a enfanté de l'intégrité de sa virginité. Et après les tourments de la passion et la gloire de sa résurrection, il rentra dans le ciel avec sa chair, en revenant à moi ; et ensuite le

St-Esprit illumina le monde de l'ardeur de sa flamme, confirmant toute justice dans les cœurs de ses disciples, lorsqu'il leur découvrit ce qui leur était voilé auparavant. Comment? Le St-Esprit embrasa leur cœur, comme le soleil, lorsqu'il commence d'apparaître sous le nuage, manifeste sa chaleur ardente dans la splendeur de sa lumière. Comment cela ? L'amour de mon Fils brûlait secrètement leur âme ; et ainsi la chaleur du St-Esprit les pénétrant, faisait resplendir le soleil puissant de leur doctrine ; car tel est le témoignage que le St-Esprit rendit à l'Eglise : que la mort ne peut résister à la justice de Dieu. C'est pourquoi vous, ô fils de la vérité, écoutez et comprenez la confirmation du St-Esprit, qu'il vous offre lui-même avec bonté, par l'onction suave de son magistère, de qui dépendent toutes les autres onctions. Et c'est pourquoi cette onction doit être administrée seulement par l'évêque ; parce que tout ordre ecclésiastique a été institué par le St-Esprit, et cette onction est du St-Esprit. Aussi l'homme qui accepte le mystère de la régénération pour la vie, s'il n'est pas oint de cette manière, ne reçoit pas l'ornement (de la grâce), que confère la plénitude (du pouvoir) ecclésiastique, dont est ornée l'Eglise par l'amour ardent du St-Esprit, comme il a été montré plus haut.

Mais, de même que l'Eglise est perfectionnée par les dons du St-Esprit, ainsi l'homme fidèle doit être confirmé par l'onction du premier docteur (de l'évêque) qui, par honneur pour le St-Esprit, exerce une magistrature redoutable ; car le même St-Esprit pénètre et embrase le peuple chrétien de la certitude de sa doctrine. C'est pourquoi, ceux qui pendant cette onction du

St-Esprit ont été unis à celui qui la recevait, ne peuvent lui être joints par le lien charnel, parce qu'ils lui sont unis dans le St-Esprit. Que signifie cela ? La foi entraîne l'homme à recevoir cette onction, et celui qui le tient alors par les mains désigne la foi, qui ne recherche pas les choses charnelles, mais ne tend que vers les choses spirituelles. Car mon regard voit comment l'homme doit venir à moi par ses œuvres.

Que si toi, ô homme, tu m'abandonnes après le baptême, et tu retournes vers le démon, tu seras condamné par un juste jugement ; car je t'ai communiqué le don magnifique de l'intelligence, et j'ai déployé pour toi ma miséricorde dans la fontaine du baptême. Car tous ceux qui cherchent ma miséricorde dans le baptême, la découvrent sans peine, à cause de mon Fils qui est venu dans le monde et qui a supporté de nombreux labeurs dans son corps ; et c'est pourquoi, ô homme, tu dois supporter patiemment les combats de l'âme et du corps ; et, à cause de mon Fils, je te recevrai ; car nul ne doit être repoussé de la purification du baptême, parmi ceux qui le recherchent fidèlement, en mon nom ; parce que, quel que soit le temps où l'homme me recherche, je le reçois avec amour. Que si ses œuvres sont dans la suite mauvaises, elles le jugent elles-mêmes pour la mort. C'est pourquoi, ô homme, plonge-toi dans la régénération du Sauveur, et oins-toi de l'onction de sainteté ; fuis la mort, et imite la vie. Car la mère des fidèles, qui est l'Eglise, pour que ses fils évitent la mort et trouvent la vie, prie fidèlement pour eux. Comment ? Elle a une voix suppliante à l'égard de ses fils ; et elle la gardera, jusqu'à ce que la plénitude de ses fils soit rentrée dans le tabernacle de la cité d'en haut. Et elle possède cette voix, pour m'avertir, moi qui suis avant les siècles, de voir et considérer toujours que mon Fils unique s'est incarné, afin que je pardonne, pour son amour, à ses fils qu'elle a elle-même recueillis dans la régénération de l'esprit et de l'eau ; parce qu'ils ne peuvent entrer dans le royaume céleste, si ce n'est par la porte du salut. C'est pourquoi elle parle ainsi : Craignez le Père ! Aimez le Fils ! et embrasez-vous dans le St-Esprit ! Comment ? Cette voix lui a été donnée de moi Père, par mon Fils, dans le St-Esprit ; et c'est une voix qui résonne comme la trompette dans la cité. Et elle ne parle pas d'une autre manière envers ses fils. Et de cette manière le Dieu très fort est averti par son Fils, de pardonner aux hommes pécheurs, qui doivent être tolérés, en vue de la pénitence, sans encourir la perdition ; parce que le Fils de Dieu lui-même a revêtu l'humanité sans péché. Il ne pouvait revêtir la chair souillée, qui est conçue de la semence du péché ; parce que Dieu est juste, et la splendeur du royaume céleste ne peut être souillée de la boue du péché. Et comment pouvait-il se faire que l'homme qui s'est déshonoré par son abjection, rentrât dans le royaume d'en haut, si ce n'est par mon Fils incarné sans péché, qui reçoit les pécheurs purifiés par la pénitence ? Et qui pourrait accomplir ce prodige si ce n'est Dieu ? Aussi l'Eglise se retourne vers ses fils et les favorise de sa maternelle dilection.

Mais que tu voies, parmi les enfants précités, les uns regardant une lumière pure et lucide, les autres une lueur pourpre et trouble du côté de l'Orient : cela signifie que parmi les fils que l'Eglise, par la vertu de Dieu, fait sortir de la corruption, pour leur donner l'innocence : quelques-uns, par amour du vrai soleil, foulant aux pieds les biens de la terre, sont attentifs à la pureté de la vie spirituelle, qui resplendit dans la vertu sereine ; mais d'autres, ayant des facultés charnelles que trouble la diversité des vices, et cependant restant fidèlement dans la vraie foi, aspirent aussi vers les choses éternelles, par une rétribution suprême. — Et parmi ceux qui considèrent la splendeur pure et lucide, les uns ont les yeux clairs et les pieds fermes, et s'avancent puissamment dans le ventre de l'image, parce que ceux-ci, lorsqu'ils recherchent les biens célestes, placent dans les commandements de Dieu la vue d'une juste considération, et s'avancent pour atteindre le but véritable, marchant entourés tellement de l'amour maternel que, ni dans les choses du temps ni dans celles de l'éternité, ils ne changent la droiture de leur intention. — Mais les autres ont les yeux faibles et les pieds débiles, parce qu'ils n'ont pas l'intention droite, et ne prennent aucune résolution virile, pour les œuvres de perfection ; c'est pourquoi, ils sont jetés par le vent en tous sens ; car, dans la diversité des mœurs, ils se perdent dans les multiples tentations de l'orgueil. Mais ils tiennent un bâton dans leurs mains, s'agitent devant l'image, et la heurtent parfois mais sans force ; parce que, plaçant une ferme confiance dans leurs œuvres, ils se montrent à l'Eglise de Dieu avec une réputation fausse ; et ils l'illustrent parfois, mais d'une manière insensée, par la sagesse du siècle ; et lorsque, par une vaine ressemblance, ils passent pour sages aux yeux des hommes, ils sont insensés aux yeux de Dieu, à cause de leur futile gloire.

Quelques-uns, aux yeux sereins mais aux pieds débiles, vont çà et là dans l'air devant cette image ; parce que, comme les divins préceptes leur sont connus, par le regard de la réflexion, ils sont cependant hésitants lorsqu'il s'agit de les remplir ; et ils se manifestent à l'épouse du Christ, dans le cours de leur propre instabilité, comme cherchant la sagesse dans l'ombre, pensant l'avoir en leur puissance avant qu'elle pénètre dans leur esprit, et ils n'en obtiennent aucune vertu. Mais d'autres, ont des yeux faibles et des pieds fermes, et cependant ils marchent débilement devant la même image ; parce qu'ils n'ont qu'une faible intention (dans l'accomplissement) des œuvres bonnes, lorsqu'ils devraient avancer courageusement dans les œuvres de justice. Mais ils marchent péniblement dans les devoirs ecclésiastiques, parce que leur esprit s'attache davantage aux choses terrestres qu'aux choses célestes ; et c'est pourquoi ils sont insensés aux yeux de Dieu, car ils veulent comprendre, par leur sagesse humaine, ce qu'ils ne peuvent atteindre. Mais, parmi ceux qui considèrent cette lueur trouble et rouge, les uns, ornés magnifiquement, s'avancent avec courage dans la dite image ; parce que, bien qu'ils possèdent les biens terrestres, cependant, comme ils apportent dans le sein de l'Eglise le trésor de leurs labeurs, ils ne dédaignent pas de marcher droit dans le chemin de la loi divine ; et, obéissant aux commandements de Dieu, ils recueillent les pèlerins, vêtent ceux qui sont nus, et nourrissent ceux qui ont faim. Oh ! comme ils sont heureux ceux-là ! car, de cette manière, ils reçoivent Dieu ; et lui même habite avec eux. Mais d'autres, se détournant de la dite image, la combattent, et troublent ses institutions ; car, ceux-ci abandonnant le sein maternel et les douceurs de l'Eglise, la fatiguent de multiples erreurs, et déchirent ses lois établies, par diverses oppressions. Parmi eux, quelques-uns reviennent humblement à elle, par les fruits de pénitences ; car, comme ils sont tombés gravement, ils se punissent sévèrement, pour l'amendement de leur vie par la pénitence ; mais d'autres, par le mépris de l'obstination, demeurent dans l'orgueil de la mort, négligeant la vie dans l'endurcissement de leur cœur ; et pour leur folle impénitence, ils reçoivent le jugement de mort, comme dit Ezéchiel dans une vision mystique : *Le roi pleurera, et le prince sera revêtu de tristesse, et les mains du peuple de la terre seront toutes tremblantes. Je les traiterai selon leur voie, et je les jugerai selon leurs jugements, et ils sauront que je suis le Seigneur.* (1) Que signifient ces paroles ? L'âme dans laquelle se trouve la raison souveraine, lorsqu'elle sent la délectation du péché, comme elle connaît le mal, reprend son funeste consentement. Comment ? Parce que sa raison est inspirée par la sagesse et la science de Dieu, et bien qu'elle s'accorde avec le corps, cependant elle considère le mal comme indigne et sent sa méchanceté. C'est pourquoi lorsqu'elle est souillée de divers crimes par les œuvres de la chair, faisant entendre des soupirs, elle aspire vers Dieu. Et lorsque l'œuvre criminelle est accomplie avec l'esprit de superbe : alors le corps comme un prince d'ignominie est revêtu de confusion, lorsqu'il

(1) Rex lugebit, et princeps inductur mœrore, et manus populi terræ conturbabuntur. Secundum viam eorum faciam eis, et secundum judicia eorum judicabo eos, et scient quia ego Dominus (Ezech. VII).

exerce sa suprématie parmi les splendeurs ; parce que, de même que l'homme se plaint lorsqu'il est revêtu de vêtements indignes ; ainsi pareillement, il s'attriste lorsque les rumeurs d'infámie procèdent de lui pour sa confusion.

C'est pourquoi les mauvaises œuvres de ces hommes, qui se penchent vers la terre pour accomplir les actes mauvais, sont troublées (par le souvenir) des préceptes divins, car ils n'ont pas les vêtements du salut, c'est-à-dire qu'ils ne jouissent pas de la béatitude avec Dieu ; et ceux auxquels manque cette félicité sont pleins de trouble et de confusion. Et c'est pourquoi ceux qui suivent sans cesse la voie de l'iniquité et se plaisent dans le péché, n'accomplissant aucune justice sous l'inspiration du St-Esprit, n'auront aucun droit à ma miséricorde ; parce que n'ayant nulle science du bien ils ne me craignent pas, mais dans leur rage de l'iniquité ils me fatiguent, moi Créateur de toutes choses, en faisant tout ce qu'ils veulent. C'est pourquoi je les jugerai selon leur propre justice, c'est-à-dire, selon les œuvres qu'ils accomplissent pour satisfaire leurs désirs ; ne leur réservant aucune félicité, mais leur opposant des peines pour leur perdition ; car ils ne me rendent aucun honneur. Et ils apprendront par là, que nul ne saurait les délivrer, si ce n'est moi qui suis le Seigneur de toutes choses. Mais que celui qui considère ces choses de ses yeux vigilants, et les écoute de ses oreilles attentives, embrasse amoureusement ces paroles mystiques, qui émanent de moi qui suis la Vie.

VISION CINQUIÈME

SOMMAIRE : Que les apôtres et leurs servants qui les suivent, c'est-à-dire les prêtres ornent splendidement l'église par leur doctrine. — Exemple d'Abel. — Que les ministres de l'Eglise doivent garder la chasteté. Que ceux qui parmi eux vivent régulièrement, assujettis à une règle sans le souci des choses matérielles, acquièrent une récompense infinie. — De l'état de perfection excellente de l'allégresse virginale. De l'image d'une vierge. — De la foule merveilleusement ornée qui l'environne. — Paroles de Jean sur le même sujet. — Que la virginité vouée à Dieu doit être conservée prudemment. Ce qu'elle devient, le pacte de virginité étant rompu, elle manque de la fleur d'intégrité, et n'est plus considérée comme maîtresse, mais comme servante. — Exemple sur le même sujet. — Qu'il y a une grande différence entre le désir céleste et la concupiscence terrestre, de telle sorte que, sans le sang du Fils de Dieu, l'homme n'eût pas été racheté. — De ceux qui, imitant la passion du Christ dans leur ardente charité, sont comme son parfum vivant, et prennent le chemin de la régénération mystérieuse. — Paroles de l'Évangile sur le même sujet. — Que la race des vierges et cet ordre qui fait vœu de suivre le chemin du secret renouvellement, ne sont pas dans le précepte de la loi. — Exemple de Jean sur le même sujet. — Que ceux qui font vœu de suivre le chemin de la perfection pour la nécessité et l'utilité de l'Eglise, reçoivent le gouvernement ecclésiastique, renonçant à la contagion des biens terrestres. — Paroles de l'Evangile de Jean. — Que par leurs vêtements, différents des autres, est signifié l'incarnation et la sépulture du Christ. — Que la première lueur du jour désigne la doctrine apostolique ; l'aurore, le commencement de cette institution ; — le soleil, la voie parfaite en Benoit qui est comme un autre Moïse. — Ceux qui sont éprouvés dans cette Institution reçoivent, pour la nécessité de l'Eglise, la plénitude du sacerdoce. Que nul n'entreprenne inconsidérément de rentrer dans cette voie, s'il ne s'est éprouvé intimement. — Que le séculier, qui conserve la loi de Dieu, orne beaucoup l'Eglise du Dieu. — Que le mari et la femme ne peuvent s'abandonner l'un l'autre pour suivre la voie parfaite, si ce n'est par la volonté des deux. — Paroles de l'Evangile. Que les dites Institutions ecclésiastiques consolident l'Eglise par sa hiérarchie et ses ordres. Que dans chaque ordre il faut garder la concorde, éviter la diversité des mœurs, la singularité et la nouveauté de vie et de vêtements. — Parole de Jean sur le même sujet. — Comparaison des artisans. — Qu'à chacun doit suffire, dans son humilité, la règle de ses prédécesseurs — Paroles de l'Evangile sur le même sujet. — L'Evangile sur ceux qui se font des lois selon leur cœur. — Nouvelles paroles de l'Evangile. — Que dans ses nouveautés Dieu en repousse quelques-uns, il en tolère tacitement d'autres, mais il se réserve de les juger dans l'avenir. Que du degré inférieur, il convient de monter au supérieur, non du supérieur (de descendre) à l'inférieur. Exemple des âmes et des anges. Que ceux qui, étant la règle vivante, font vœu de suivre le chemin de la secrète régénération, désignent le grain qui fait la nourriture des forts, leurs aides désignent le fruit d'un goût suave ; et le peuple séculier désigne la chair. — Que ces trois ordres ecclésiastiques suivent une double voie. — Celui qui abandonnera le caractère religieux accepté dans la volonté de son cœur, subira le jugement d'un examen sévère. Paroles de David sur le même sujet — Que ceux qui, non par amour divin, mais poussés par quelque mesure séculière, reçoivent le signe d'une religion feinte, ressemblent à Balaam. — Exemple de Balaam. — Qui reçoit imprudemment le signe de religion (l'habit religieux), et s'acquitte mal (de ses devoirs), va à sa ruine. — Paroles de Jérémie sur le même sujet. — Que celui qui veut soumettre ses enfants à une règle sainte, le fasse non imprudemment mais sagement, avec leur consentement, sans aucune contrainte. — Exemple du champ. Celui qui détourne, par sa malice, ceux qui voulaient suivre Dieu, commet un sacrilège. — Paroles de Moïse. — Celui qui volontairement entreprend le service de Dieu et le néglige ensuite, doit être rappelé sévèrement. — Paroles de l'Evangile. — Ceux qui étant assujettis à une règle, ne veulent nullement être corrigés, doivent être chassés de peur qu'ils ne pervertissent le troupeau du Seigneur. Paroles de l'apôtre sur le même sujet. — Que ceux qui feignent d'être convertis, s'abusent eux-mêmes, et que ceux qui se convertissent de tout cœur sont agréés par Dieu. — Paroles de David sur le même sujet. — Que l'impénitent qui blasphème contre le St-Esprit, et celui qui se précipite lui-même dans la mort, Dieu les ignore. — Paroles de l'Evangile. — Paroles de David sur le même sujet. — Sur qui retombe le blasphème du désespoir ; — si dans les tourments il se relève, Dieu lui vient aussitôt en aide. Que celui là tombe dans la perdition qui sépare le corps et l'âme que Dieu a unis. — Paroles de l'Evangile.

Après ces choses, je vis qu'une certaine splendeur blanche comme la neige et translucide comme le cristal reluisait autour de la dite image de femme, du sommet de la tête jusqu'à la gorge. Mais, de la gorge jusqu'à l'ombilic, une autre splendeur pourpre l'environnait qui, de la gorge jusqu'aux mamelles, brillait comme l'aurore ; mais, des mamelles jusqu'à l'ombilic resplendissait comme la pourpre mêlée d'hyacinthe.Et, où brillait l'aurore, elle étendit sa clarté dans les hauteurs des mystères du ciel ; et, dans cette clarté, une très belle image de vierge apparut, ayant la tête sans voile ombragée d'une chevelure noire, et son corps revêtu d'une tunique rouge, qui se répandait en longs plis sur ses pieds. Et j'entendis une voix du ciel qui disait : C'est la fleur de la céleste Sion, la mère et la reine des roses et des lis de la vallée. O fleur tu seras épousée par le fils du roi tout-puissant, auquel tu engendreras une race fameuse, lorsque ton temps sera venu. — Et, autour de cette vierge, je vis une grande foule d'hommes plus resplendissants que le soleil, et qui tous étaient ornés merveilleusement d'or et de pierres précieuses ; et quelques-uns d'entre eux avaient la tête environnée de voiles blancs et d'une couronne d'or; au sommet de leur tête, l'image de l'ineffable Trinité ; ainsi que le type m'en fut montré : elle apparut, à travers ces voiles, comme sculptée dans une sphère ; et, sur le front (de ces hommes) l'Agneau de Dieu ; et, à leur cou, l'image de l'homme; et, à l'oreille droite, un chérubin; et, à l'oreille gauche, une autre figure angélique; de telle sorte que, de l'image même de la glorieuse Trinité, comme un rayon d'or était projeté vers ces figures (d'hommes). Mais, parmi eux, d'autres apparurent qui avaient des mitres sur leurs têtes, et le pallium de la charge épiscopale sur leurs épaules. Et de nouveau j'entendis une voix d'en haut qui disait : Ce sont les filles de Sion ; et, avec elles, sont les cithares des cithares, et tous les genres d'harmonie, et la voix de toute allégresse, et la joie de toutes les joies. Mais, sous la même splendeur, au point où il semblait que l'aurore resplendissait, je vis, entre le ciel et la terre, apparaître d'épaisses ténèbres, qui inspiraient une telle épouvante, que la langue humaine ne peut l'exprimer. Et de nouveau j'entendis une voix du ciel qui disait : Si le Fils de Dieu n'était pas mort sur la croix, ces ténèbres ne permettraient nullement à l'homme de parvenir à la suprême clarté. Mais, où cette splendeur reluisait d'une lumière, empourprée mêlée d'hyacinthe, s'unissant étroitement à la dite image de femme, elle étincelait. Mais une autre splendeur, comme une nuée blanche, environnait l'image de l'ombilic au sommet, sans toutefois s'étendre plus loin. Et ces trois splendeurs, rayonnant au loin autour de l'image, montraient en elle plusieurs degrés et échelons bien et décemment ordonnés. Mais en voyant ces choses, dans la grande frayeur qui s'empara de moi, je tombai à terre sans forces, et je ne pus répondre à personne. Et voici que dans une splendeur magnifique, je me sentis touchée comme par une main, et ce contact me rendit la force et la voix. Et j'entendis de nouveau une voix qui me disait : Ce sont là de grands mystères ! Considère en effet le soleil, la lune et les étoiles. J'ai formé le soleil afin qu'il luise pendant le jour, et la lune et les étoiles afin qu'elles luisent pendant la nuit. Le soleil signifie mon Fils, qui sortit de mon cœur et illumina le monde, lorsqu'il naquit d'une vierge, à la fin des temps (prescrits), comme le soleil en naissant illumine le monde, lorsqu'il apparaît à la fin de la nuit. Mais la lune désigne l'Eglise, unie à mon Fils dans de véritables et suprêmes épousailles. Et de même que la lune a toujours en sa constitution, des moments de croissance et de décroissance, et ne tire sa lumière que de celle du soleil, ainsi est l'Eglise dans son évolution, de telle sorte que ses fils avancent souvent dans l'accroissement des vertus, et souvent ils décroissent dans la diversité des mœurs, et dans les persécutions ; de telle sorte que, souvent elle est combattue en ses mystères par des loups rapaces ; en sa foi par des hommes mauvais, tant chrétiens que juifs, et les

autres infidèles ; et, à cause de cela, elle ne brille pas en elle-même, pour la tolérance ; mais elle est éclairée en moi par mon Fils, afin qu'elle persévère dans le bien.

Les étoiles différentes les unes des autres par l'éclat de leur lumière, signifient les peuples de divers ordres de la religion de l'église.

Mais la splendeur blanche comme la neige et translucide comme le cristal, que tu vois environnant la dite image de femme, du sommet de la tête jusqu'à la gorge, signifie que l'Eglise des fidèles, épouse incorruptible du Fils de Dieu, est environnée de la doctrine apostolique, qui annonça l'incarnation lumineuse de celui qui du ciel descendit dans le sein d'une vierge, et qui est le miroir très puissant et très lucide de tous les croyants ; de telle sorte que cette doctrine, du jour où elle commença à édifier cette même Eglise, jusqu'au temps où elle put se nourrir puissamment du pain de vie, l'environna fidèlement, en l'illuminant magnifiquement. Comment ? La doctrine apostolique auréola la tête de l'Eglise, lorsque les apôtres commencèrent d'abord à l'édifier par leur prédication ; lorsque, allant en divers lieux, ils assemblaient des ouvriers qui la fortifiaient dans la foi catholique, et qui lui fournissaient des prêtres, des évêques, à tous les degrés de la hiérarchie ecclésiastique, et déterminaient les droits des hommes et des femmes engagés dans les liens du mariage, et les autres choses semblables. C'est pourquoi suivent la même doctrine les servants, qui ressemblaient aux prêtres du témoignage légal, qui sous la loi de la circoncision étaient placés pour nourrir le peuple, de la nourriture intérieure ; et c'est pourquoi les apôtres choisissaient ces ordres, sous l'inspiration d'en haut, pour en orner l'Eglise. Pourquoi cela ? Car leurs suivants, portant à leur place les bienfaits salutaires, parcourent fidèlement les rues des bourgs, des villes et toutes les régions de la terre, pour annoncer au peuple la loi divine. Car ils sont eux-mêmes des pères et des dispensateurs d'élite, pour répandre par leur doctrine la discipline ecclésiastique dans tout le peuple et lui dispenser la nourriture de vie ; et ils se montrent tels dans leur vie, que mes brebis ne soient pas offensées par leurs œuvres, mais qu'elles marchent dignement après eux, parce qu'ils ont pour office de distribuer ouvertement au peuple le pain de vie ; et afin qu'ils accomplissent fidèlement leur devoir vis à vis de chacun, ils se contraignent eux-mêmes à ne pas désirer l'union charnelle, parce qu'ils doivent distribuer aux croyants la nourriture spirituelle, et offrir à Dieu un sacrifice immaculé, ainsi que l'indique la figure d'Abel dont il est écrit : *Abel offrit aussi les prémices de ses troupeaux et de ce qu'ils avaient de meilleur*. Que signifie cela ? (1) A l'origine du siècle naissant la sanctification du roi qui devait paraître, resplendit en celui qui menait une vie innocente, ce qui émut la demeure du Dieu tout-puissant, non la terre mais le ciel. Comment? Parce qu'Abel, en son intégrité, offrit à Dieu l'intention de sa volonté et la plénitude de cette même volonté, lorsqu'il pensa, dans son cœur, à lui offrir le premier fruit qu'il recueillit de son propre bien, et qu'il accomplit ce devoir d'une manière parfaite, honorant ainsi dans sa fidélité le père d'en haut, et lui rendant le culte qui lui est dû. Et de même aussi qu'Abel eut la charge de son

(1) Abel quoque obtulit de primogenitis gregis suis et de adipibus eorum. (Gen. IV)

troupeau et le conduisit dans les pâturages, et qu'il offrit à Dieu, avec un cœur simple, ses prémices et les plus beaux de ses fruits : ainsi pareillement, ceux qui sont destinés à guider les fils de l'Eglise, c'est-à-dire à paître les brebis du Christ, doivent les nourrir fidèlement des paroles de la doctrine, suivant les règles ecclésiastiques, les prémunir fortement contre les embûches de l'antique imposteur, et offrir à celui qui voit toutes choses des dons parfaits, avec une attention scrupuleuse. Comment ? Car, s'ils ne peuvent pas faire que tous ces dons soient parfaits en toute chose, qu'ils en offrent à Dieu quelqu'un de tel, sortant de leur troupeau, et tout d'abord l'intention droite de leur bonne volonté, qui est comme le germe des prémices de leur troupeau, et ensuite l'œuvre parfaite dans son accomplissement par leur volonté, qui est comme le fruit suave et choisi parmi les meilleurs. Mais d'où vint qu'Abel honora Dieu d'une manière si parfaite ? La pureté de son innocence lui inspirait un tel amour.

C'est pourquoi ceux qui sont consacrés pour offrir à Dieu le sacrifice sacro-saint, doivent approcher de son autel dans l'innocence de la chasteté ; parce que s'ils sont eux-mêmes les auteurs de la corruption, comment pourront-ils appliquer le remède salutaire, sur les blessures de ceux qui sont corrompus ? Par conséquent, afin qu'ils puissent d'autant plus sûrement administrer le remède aux autres, je veux qu'ils imitent courageusement mon Fils, dans l'amour de la chasteté. Que s'ils viennent à tomber, qu'ils se hâtent de se relever aussitôt par la pénitence, et qu'ils fuient l'ignominie du péché, en recherchant la médecine salutaire, et en imitant fidèlement Abel dont le sacrifice était agréable à Dieu. Mais ceux qui parmi eux se tiennent, par amour de mon Fils, dans une étroite subordination, et considèrent dans leurs mœurs le relèvement des méchants, qu'ils entreprennent sous mon inspiration sans avoir le souci des choses extérieures, bien qu'ils n'en aient pas la charge onéreuse, parce qu'ils sont soumis à leurs supérieurs, en vue des récompenses éternelles, ils acquièrent pour eux-mêmes, dans la cité des élus, la même récompense infinie.

Mais tu vois que, de la gorge à l'ombilic de cette même image, une autre splendeur, de couleur pourpre, l'environne : c'est parce qu'après la doctrine des apôtres, lorsque l'Eglise est devenue si puissante, qu'elle peut véritablement discerner la nourriture salutaire, et la transmettre aux parties d'elle-même qui veulent augmenter leur force : alors la remarquable perfection de la religion de l'Eglise se manifeste, capable d'apprécier dans son amour ardent la suprême douceur ; et se contraignant sévèrement, elle vise à l'accroissement de sa force secrète, sans parvenir cependant à se séparer de l'amertume charnelle, parce qu'elle méprise le lien charnel. Comment ? Car, la même splendeur rayonne, de sa gorge jusqu'à ses mamelles, comme l'aurore ; parce que cette perfection, dans une merveilleuse efflore, s'épanouit dans l'allégresse virginale, pour le parfait entretien de l'Eglise ; de telle sorte que, des mamelles jusqu'à l'ombilic, une splendeur pourpre mêlée d'hyacinthe brille ; parce qu'elle se munit, par une valeureuse éducation, pour le maintien de la chasteté intime, en imitant la passion de mon Fils, à cause de l'amour ardent qu'elle garde toujours dans son cœur.

C'est pourquoi, où elle brille comme l'aurore, elle étend sa clarté en haut vers les mystères du ciel ; car cette perfection qui fleurit en l'honneur de la virginité, dirige merveilleusement sa vertu, non en bas vers les choses terrestres, mais en haut vers les choses du ciel.

Et, dans cette clarté, une très belle image de vierge apparaît, dont la tête sans voile est ornée d'une chevelure noire : c'est la sereine virginité, innocente de toute souillure de l'humaine concupiscence, ayant son esprit dégagé de tout lien de corruption, mais cependant ne pouvant détourner complètement encore la fatigue des pensées ténébreuses, dans ses fils, tant qu'ils sont dans le monde, tout en s'y opposant fortement pour y résister. C'est pourquoi elle est revêtue d'une tunique rouge, qui tombe en longs plis sur ses pieds ; car elle persévère dans la peine des labeurs, pour l'accomplissement des bonnes œuvres, jusqu'au complet épanouissement de sa perfection bienheureuse, environnée de toutes les vertus, imitant en cela celui qui est la plénitude de la sainteté.

Et, comme il t'est montré dans le secret de la lumière d'en haut : elle est de la race illustre entre toutes dans la céleste Jérusalem, à savoir, la gloire et l'honneur de ceux qui, par amour de la virginité, versèrent leur sang ; et qui, dans la candeur de l'humilité, conservant leur virginité pour le Christ, reposèrent dans la suavité de la paix ; parce qu'elle est l'épouse du Fils de Dieu tout-puissant, qui est le roi suprême ; et qu'elle lui enfante une race très noble, c'est-à-dire le cœur très pur des vierges ; lorsqu'elle prend des forces en s'avançant dans la paix de l'Eglise.

Mais tu vois, autour de la même vierge,

une grande foule d'hommes plus resplendissante que le soleil, et ces hommes sont merveilleusement ornés d'or et de pierres précieuses : C'est quant au principal chœur des vierges, embrassant d'un amour ardent la très noble virginité, et brillant tous devant Dieu, d'une lumière plus éclatante que le soleil sur la terre ; parce que se méprisant eux-mêmes, ils vainquirent virilement la mort : ce qui fait qu'ils sont ornés merveilleusement par la suprême sagesse, à cause des œuvres très belles qu'ils ont accomplies humblement, pour le Christ.

C'est pourquoi quelques-uns d'entre eux ont leurs têtes couvertes de voiles blancs, couronnées d'un cercle d'or, parce que, resplendissants de la gloire de la virginité, ils manifestent que ceux qui ambitionnent l'honneur de cette vertu, préservent leur esprit de toute ardeur mauvaise ; et ornés de la très pure lumière de chasteté, ils acquièrent dans leur fidélité, la candeur de l'innocence.

Au-dessus de toutes ces merveilles, l'image de l'ineffable Trinité, ainsi qu'il t'a été montré plus haut, apparaît comme gravée, en forme de sphère, sur les voiles mêmes ; pour montrer que les intentions des hommes recherchent fermement et vaillamment, dans la connaissance de l'amour et la stabilité de la chasteté, l'honneur de la suprême et glorieuse Trinité ; ainsi qu'il t'a été montré, d'une manière véritable dans la manifestation du mystère. Qu'ils aient sur leurs fronts l'Agneau de Dieu, et à leur cou, l'image de l'homme, et, à l'oreille droite, un chérubin, et, à la gauche, une autre forme angélique : cela indique que, pour l'honneur de leur chasteté, ils imitent la mansuétude du fils de Dieu, en abaissant l'insolence de l'orgueil superbe ; et se considérant comme des hommes débiles, ils embrassent dans leur prospérité, la véritable et éternelle science; et, quand vient l'adversité, ils désirent le secours des anges; de telle sorte que, de cette image de la gloire de la suprême Trinité, rayonne sur ces figures comme un rayon d'or ; car, l'ineffable Trinité ne cesse d'opérer les merveilles des miracles de sa profonde sagesse, en faveur des hommes fidèles qui cherchent la vertu et fuient les séductions diaboliques.

Mais, parmi eux, d'autres apparaissent, portant sur leurs têtes des mitres, et, sur leurs épaules, le pallium de la charge épiscopale, parce que, parmi ceux qui fleurissent en l'honneur de la virginité, quelques-uns, dans la cité d'en haut, tout en exerçant noblement dans le siècle la charge des anciens pères et la gloire de la suprême magistrature, ne perdirent pas cependant l'honneur de la virginité. De là, comme tu l'entends, tous ceux qui avec des soupirs, pour mon amour, conservèrent leur intégrité, sont appelés les filles de Sion dans la demeure céleste, parce qu'ils ont imité mon fils, par amour de la virginité. C'est pourquoi ils se trouvent parmi les échos sonores des esprits et les invocations de toutes les mélodies, et les merveilles des esprits agiles, et la vision d'or des pierres et des perles resplendissantes. Comment ? Car du trône du Fils de Dieu une voix résonne, à laquelle s'harmonise tout le chœur des vierges, dans un désir ardent, en chantant la nouvelle symphonie, comme Jean mon bien-aimé vierge en rend témoignage en disant :

« *Et il chantait comme un cantique nouveau devant le trône, et devant les quatre animaux, et devant les vieillards* » (1)

Que signifie cela ? Dans ces âmes fidèles qui, embrassant dans une intention pure la chasteté, conservent sans souillure leur virginité, pour l'amour de Dieu, leur bonne volonté éclate pour la gloire du Créateur. Comment ? Car, dans l'aurore de la virginité, qui adhère toujours au Fils de Dieu, se cache une très pure louange à laquelle aucun devoir terrestre, aucun lien légal ne peut résister, sans qu'il s'en dégage un céleste cantique, dans un tressaillement d'allégresse, pour la gloire de Dieu. Comment ? Parce que, parcourant une voie rapide, ce cantique se fit entendre merveilleusement pour la liberté nouvelle ; et ce cantique ne fut pas entendu avant que le fils unique de Dieu (qui est la véritable

(1) Et cantabat quasi canticum novum ante sedem et ante quatuor animalia et seniores.
(Apoc. XIV).

fleur de la virginité), s'étant incarné et étant revenu de la terre au ciel, se fût assis à la droite du Père. Mais alors, lorsque l'on vit comme de nouvelles mœurs qu'on n'avait jamais vues auparavant, ce fut de la stupeur ; et ainsi ce nouveau mystère, inouï jusque-là, résonnant alors dans les régions célestes, en l'honneur de la virginité, fut connu devant la majesté de Dieu par qui il s'était accompli ; et devant les quatre cercles qui, parcourant les quatre parties du monde, apportaient la vérité de toute justice et de toute humanité du Sauveur, comme les (quatre) animaux dans la nouvelle loi ; et devant ces anciens qui, pénétrés du Saint-Esprit, annonçaient aux hommes dans l'ancienne loi la voie de la justice, par leur droiture. Que signifie cela ? Que Dieu dans la nouvelle loi de grâce supprima l'austérité de l'ancienne institution.

Mais parce que la virginité est si glorieuse devant Dieu, que ceux qui l'ont vouée à Dieu par leur volonté, la conservent prudemment ; car cette sainte résolution prise dans un grand amour de la virginité, doit être gardée fidèlement. C'est pourquoi, ceux qui se sont avancés de ce sacrement, doivent prendre garde de ne pas rétrograder. Car ils sont les très chers imitateurs de mon Fils, lorsqu'ils s'offrent à Dieu, de telle sorte qu'ils ne soient pas liés par les liens du mariage, ni embarrassés des choses du monde, méprisant l'œuvre de chair, de peur de mettre toute leur sollicitude aux choses de la chair; mais qu'ils désirent adhérer pleinement à la glorieuse innocence de l'agneau sans tache. C'est pourquoi, l'homme qui délibère en lui-même de ne contracter aucun lien charnel, et qui le désire afin de persévérer dans la pudeur de la virginité, pour l'amour de mon Fils, deviendra son compagnon, si toutefois il persévère dans les œuvres de la chasteté ; parce qu'il offre à mon Fils ces présents sacrés, dans le vœu du pacte solennel; selon la règle de l'Église, pour (obtenir) la gloire de la suprême récompense. Mais si, dans la suite abandonnant son vœu, à cause du honteux aiguillon de la chair, il accomplit l'adultère, il change sa liberté en servitude ; car il ternit honteusement son honneur, par la turpitude de sa délectation, au lieu d'imiter chastement mon Fils ; et il profère le mensonge, en se vouant à vivre chastement, sans accomplir son vœu. C'est pourquoi aussi, s'il persévère dans la faute de sa témérité, il subira le jugement sévère du juste juge, parce que, ni la turpitude ni le mensonge ne peuvent apparaître dans la gloire céleste.

Que si, avant la fin de sa vie, il fait dans

les larmes amères pénitence de cette faute, alors l'onde du sang de mon Fils le purifie, parce qu'il a regretté sa faute; mais il ne le replace pas parmi ses compagnons qui fleurissent de la gloire de la virginité ; parce que, délaissant leur société, il a rejeté la liberté de son pacte, et il l'a assujettie à la servitude du péché. Mais la jeune fille qui, de sa propre volonté, s'offre à mon Fils en de saintes épousailles, est acceptée très honorablement par lui; car il veut avoir celle qui s'est unie ainsi à lui, dans sa compagnie. Comment? Afin qu'elle l'aime d'un chaste amour, comme lui-même l'aime mystérieusement, car elle lui est toujours aimable, parce qu'elle le préfère à un époux terrestre. Si, dans la suite, elle transgresse son pacte: alors, elle est souillée au regard de ceux qui sont dans la joie céleste. Et si elle persévère dans sa témérité, elle sera privée, par un juste jugement, de la gloire suprême. Si elle vient à se repentir, elle est reçue comme servante et non comme maîtresse ; car elle a abandonné la couche royale ; et elle a aimé un étranger, de préférence à celui qu'elle devait aimer. Mais celui qui, en la séduisant, l'a violée, s'il veut faire pénitence de sa faute, qu'il se repente comme s'il avait violé le ciel, de peur qu'il ne tombe dans la mort ; car il a corrompu témérairement un mariage céleste. Que signifie cela ?

Si quelque grand prince a une épouse très chère, que le serviteur des serviteurs corrompt par l'adultère, que fait le seigneur ? En vérité, dans sa grande colère, il envoie ses licteurs afin de le perdre, parce qu'il a mis le trouble dans ses entrailles. Si alors, ce serviteur, dans la crainte, prie tous ces envoyés qu'ils intercèdent pour lui ; et qu'en outre, il tombe en larmes aux pieds de son maître, pour qu'il lui pardonne : alors, ce roi, à cause de sa bonté et à cause de leur intercession, le laissant vivre le rend à la société de ses compagnons d'esclavage ; mais cependant, il ne le récompense pas comme ces autres amis qui sont dans sa familiarité ; bien qu'il lui donne, ainsi qu'à ceux qui lui ressemblent, la grâce nécessaire. Ainsi sera traité celui qui violera, en la séduisant, l'épouse du roi éternel. Car, le grand roi, dans son zèle infaillible, exerçant sa justice, conduit à sa perte celui qui en cela l'a traité comme le parjure, dans l'oubli de son esprit. Mais si ce misérable, anticipant sur le jour de sa colère, prie avec instances les élus de Dieu, qu'ils obtiennent de leur maître son pardon, et qu'en outre il considère avec larmes l'humanité de son Sauveur, afin d'être absous de son péché, par sa grâce : alors le roi, en considération de ce sang qui a été répandu pour le salut de la race humaine, et à cause de la dilection des citoyens célestes, l'arrache de son état criminel et de la puissance de satan, de peur qu'il ne tombe dans la perdition, et il le place parmi les âmes bienheureuses. Mais cependant, il ne lui accorde pas l'allégresse des épousailles royales, de laquelle les autres amis de Dieu se réjouissent, avec les vierges sacrées qui se sont vouées à mon Fils, dans une consécration suprême ; et il ne le couronnera pas de la grâce virginale, dont il a perdu la pudeur, bien qu'il lui donne, parmi les autres élus, la joie dans la cité céleste, comme récompense inestimable.

Mais que, sous la même splendeur où lui-même brille comme l'aurore, tu voies apparaître, entre le ciel et la terre, d'épaisses ténèbres, qui sont si horribles que la langue humaine ne peut l'exprimer ; cela signifie que, sous la gloire virginale, entre l'intelligence spirituelle et charnelle, la chute du premier père, qui le plongeait dans les ténèbres épaisses de l'infidélité, de telle sorte que nul ne pût expliquer son erreur, fût ouvertement connue. Comment? Parce que dans l'incarnation du Fils de Dieu, né d'une vierge, le désir des choses célestes s'accrut, et la concupiscence terrestre fut bannie, car la prévarication d'Adam fut effacée merveilleusement, dans la rédemption, par le sang du même Fils de Dieu, lorsque nul autre que le Fils unique de Dieu, envoyé dans le monde par le père, ne pouvait l'effacer, pour donner (à l'homme) son entrée dans le ciel. C'est pourquoi, comme tu le comprends par cette manifestation typique, si le même Fils de Dieu n'avait pas versé son sang pour le salut des hommes, cette transgression (de la loi divine) comprimerait à ce point l'homme, qu'il ne pourrait jamais arriver à la gloire des citoyens célestes.

Mais, qu'à l'endroit où cette splendeur comme empourprée brille, entremêlée d'hyacinthe, elle s'enflamme en embrassant fortement la dite image de femme, cela indique la perfection de ceux qui, imitant la passion de mon Fils, dans l'ardeur de charité, ornent merveilleusement l'Eglise par la répression (de la chair). Comment? Parce qu'ils sont d'une grande édification, par l'accroissement du trésor (de leur vertu), en suivant le conseil divin ; car lorsque l'Eglise accrut ses forces, un parfum vivant se dégagea de sa beauté, consacrant la voie de la régénération mystérieuse. Qu'est-ce que cela ? Alors surgit l'ordre admirable qui touche mon Fils, considéré comme modèle; car de même que mon Fils vint dans le monde, séparé du commun peuple : ainsi cette force s'organisa dans le siècle, à l'écart du reste du peuple, parfumant comme le baume suave qui dégoutte de l'arbre. Ainsi, ce peuple surgit d'abord à part, dans le désert et la solitude ; et ensuite, comme un arbre il étendit ses rameaux, se répandant peu à peu dans toute sa plénitude. Et j'ai béni et sanctifié ce peuple ; car, ceux qui le composent sont pour moi les fleurs des roses et des lis très aimantes, qui poussent dans les champs, sans la culture de l'homme. Ainsi, nulle loi ne contraint ce peuple à choisir cette voie étroite ; mais il la suit, par sa volonté, sous mon inspiration suave, sans précepte de loi, avec plus d'ardeur que s'il en avait reçu l'ordre. C'est pourquoi, il acquiert par là une grande récompense, comme il est écrit dans l'Evangile où le Samaritain introduit dans l'hôtellerie l'homme blessé : *Le jour suivant il prit deux deniers, et les donna à l'hôtelier en disant : Ayez soin de lui, et tout ce que vous ferez de plus, pour lui, je vous le rendrai à mon retour* (1).

Que signifie cela ? Au premier jour du salut, c'est-à-dire, lorsque le Fils de Dieu incarné merveilleusement, restait corporellement dans le monde, il accomplit, jusqu'à sa résurrection, de nombreuses et admirables œuvres dans son humanité ; et par elles, il ramena salutairement l'homme blessé au véritable remède. Mais les jours d'après, lorsque tous les mystères de vérité furent manifestés ouvertement dans l'Eglise après sa résurrection, il montra dans une manifestation typique, l'ancien et le nouveau Testament, comme la démonstration

(1) Altera die protulit duos denarios et dedit stabulario et ait : Curam illius habe et quodcumque supererogaveris, ego, cum rediero, reddam tibi (Luc X).

assurée de la vie éternelle, et comme la nourriture suave du peuple croyant. Et il donna ces écrits, par sa grâce, aux pasteurs de l'Eglise, qui gardent son troupeau ; et il leur dit en des paroles qui étaient un doux avertissement : Par des constitutions ecclésiastiques, formez la cohorte chrétienne que je vous ai confiée après l'avoir rachetée de mon sang, mettant toute votre sollicitude, à ce qu'elle ne défaille pas en ce qui regarde la vie (éternelle). Mais par votre bonne volonté, vous ajouterez encore à ce que je vous ai ordonné de faire, en faisant davantage qu'il ne vous a été ordonné. Moi, qui suis votre guide et votre sauveur, abandonnant maintenant le monde pour remonter vers mon Père, lorsque je reviendrai de nouveau pour juger le monde et l'établir sur des bases inébranlables, de de telle sorte qu'il ne puisse plus changer par le changement des temps : alors je vous rendrai le prix de vos labeurs et de votre bonne volonté, dont le fruit se sera accru. Et je dirai : O fidèle et probe serviteur qui sers fidèlement ! Quiconque ajoute davantage à son vœu, qu'il ne lui est prescrit par la loi, recevra une double récompense ; car sa gloire rejaillit sur mon nom, parce qu'il m'aime beaucoup. Et moi je dis : Ni la race des vierges, ni cet ordre d'une dévotion singulière, ni ceux qui les imitent, comme ceux qui restent dans le désert, ne sont dans le précepte de la loi, comme les prophètes aussi ne sont pas établis par les hommes sous la loi charnelle, parce que, marchant seulement par mon inspiration, ils font plus qu'il ne leur a été ordonné ; ce que l'ordre sacerdotal et les autres institutions sacerdotales ne font pas ; car ces choses ont été ordonnées dans l'ancien Testament, dans Abraham et dans Moyse, comme aussi les apôtres, les prenant de la même loi, et, par la vertu du St-Esprit, les ordonnant bien, selon ma volonté, les confièrent à l'Eglise, pour être conservées. Mais la doctrine apostolique elle-même a été disposée dans l'Evangile par mon Fils, lorsque ses disciples ont été envoyés dans le monde entier, pour répandre les paroles de vérité.

Qu'est-ce alors ? Car, lorsque les apôtres annonçaient la voie du salut au peuple, la resplendissante aurore des filles de Sion se leva, par amour de mon Fils : (C'était l'apparition) de ceux qui mortifièrent durement leur chair, et réprimèrent rudement en eux-mêmes la concupiscence mauvaise. Et comme alors cette chaste virginité se mit, par un ardent amour, à la suite de mon Fils : ainsi pareillement, cet ordre que j'aime pour sa singulière dévotion, imita son incarnation ; car (ceux qui en font partie) sont les temples que je me réserve, car ils m'honorent comme les chœurs des anges ; et ils accomplissent, dans leurs corps, la passion, la mort et la sépulture de mon Fils ; non toutefois, qu'ils meurent par le glaive et les autres tourments par lesquels les hommes condamnent, mais en imitant de telle sorte mon Fils, qu'ils méprisent la volonté de leur chair, lorsqu'ils abdiquent tout ce qui fait les délices du monde, comme il est écrit dans l'Evangile, de Jean lumière du monde : *Mais lui-même Jean, avait un vêtement de poils de chameaux, et une ceinture de peau autour de ses reins.* (1) Que signifie cela ? Celui dans lequel la divine grâce avait suscité la merveilleuse abstinence, avait reçu

(1) Ipse autem Joannes habebat vestimentum de pilis camelorum et zonam pelliceam circa lumbos suos. (Matth. III).

par la même grâce, la défense de sa vertu. par laquelle il méprisait, en son esprit, les honneurs et les richesses séculières; et par laquelle aussi, dans la contrainte qu'il exerçait, par la mortification des vices sur la volupté de la chair, il avait réprimé fortement les mouvements impétueux de son corps, puisqu'il élevait de plus grands édifices (de vertu) que ses prédécesseurs, en marchant par des voies escarpées et rudes, foulant aux pieds les concupiscences terrestres. Comment? Car, accomplissant vaillamment de nombreuses œuvres de vertu, il aima ardemment la chasteté, montrant aussi, à ceux qui la recherchaient dévotement, la voie médicinale. De là, ceux qui sont le parfum vivant, et font vœu (de suivre) le chemin de la régénération mystérieuse, à la lumière de Jean qui brille dans les épaisses ténèbres du siècle, en le suivant dans sa vie, dans les opérations difficiles des vertus bienheureuses, ceux-là fuient la grandeur et la vanité des choses humaines ; et, par la répression des esprits, contraignant leur corps, ils méprisent la concupiscence mauvaise, et montent ainsi, par des degrés plus élevés que ceux qui s'avançant simplement avant eux dans la voie du Seigneur, y faisaient simplement leur demeure ; ils resplendissent avec sérénité, en embrassant le sentier rude et escarpé, dans le mépris qu'ils font des voluptés du siècle qu'ils foulent à leurs pieds. Comment ?

Parce que se méprisant eux-mêmes et soumettant leurs corps au service du Christ, dans l'accomplissement des vertus, ils appaisent leurs mouvements impétueux, dans l'austérité de leurs mœurs, et resplendissent merveilleusement par leurs bons exemples sur les autres hommes. Car, ils imitent même fidèlement le cœur des anges. Comment ? Dans le mépris qu'ils font des biens du siècle, parce que, comme les anges ne recherchent nullement ni ne désirent les choses de la terre, ainsi ceux-là les imitent, en ce qu'ils méprisent tout ce qui est périssable.

De là aussi, comme mon Fils est le messager des sacrements du salut et le prêtre des prêtres, le prophète des prophètes, le constructeur des tours bienheureuses : ainsi pareillement, si la nécessité le demande, que celui qui, parmi ces hommes, possède la racine et l'usage de (ce) parfum, soit le messager et le prêtre, le prophète et le conseiller de l'édifice ecclésiastique ; et il ne faut nullement s'en séparer, si seulement l'œil de clarté brille en lui, et s'il ne dort pas pour le service de l'Eglise, mais veille à son instruction, abandonnant seulement les soucis du siècle et la contagion des choses du monde, car ni les anges, ni les prêtres, ni les prophètes ne cacheront la justice de Dieu; mais ils la proclameront en vérité, selon son précepte ; comme il est écrit de Jean, qui ne fut pas un roseau agité par le vent,et dont ceux-ci imitent l'austérité, dans la comparaison de l'Evangile : *Et toute la région de Judée venait à lui, et tous les habitants de Jérusalem ; et confessant leurs péchés, ils étaient baptisés par lui dans le fleuve du Jourdain.* (1)

Que signifient ces paroles ? Dans les soupirs et les gémissements ils sortaient de la délectation des vices, pour aller vers celui par lequel, en vertu de la divine grâce, s'effectuait la volonté ferme d'une confes-

(1) Et egrediebatur ad illum omnis Judeœ regio et Hierosolymitœ universi. et baptizabantur ab illo in Jordane flumine, confitentes peccata sua.

(Matth. III).

sion sincère, et l'effet merveilleux d'une vision pacifique, pour ces hommes dont les cœurs, par la crainte de la mort, avaient été entraînés à l'amour de la vie. Comment ? Parce que Jean, le précurseur de la vérité, leur avait intimé l'amertume et la douceur. De là, eux-mêmes demandaient de sa droiture, d'être pénétrés du repentir ; afin que par l'éloignement du mal et par l'édification du bien, faisant l'aveu de leurs crimes, ils méritassent d'obtenir celui qui ne leur montrait pas le remède dans l'ombre de l'antiquité, mais leur accordait le salut véritable dans la lumière de la loi nouvelle. Mais de même que Jean enseignait, ceux qui venaient à lui, et les pénétrait des ondes du baptême, en recevant les paroles de leur repentir, en l'honneur du Sauveur qui devait venir ; ainsi également, au nom de ce même sauveur qui, en venant dans le monde a porté le salut aux croyants fidèles ; que ceux-ci ne négligent pas de faire l'œuvre de ceux qui, donnant des témoignages de sainteté, ajoutent davantage à l'œuvre (de sanctification), par l'inspiration du Saint-Esprit, dans le renoncement des choses du siècle, entreprenant de nouvelles austérités, selon cette ressemblance que ceux qui revêtent l'homme nouveau ont entrepris (d'imiter), d'après le précepte du même témoignage de sanctification, par la régénération de l'esprit et de l'eau, dans le mépris de la servitude de Satan. Mais, dès que l'aiguillon de l'impérieuse nécessité se fait sentir, qu'ils tendent, à ceux qui le demandent, la main d'un secours affectueux, en les avertissant, les redressant et les guérissant ; si toutefois ils sont parvenus à cette dignité par la promotion ecclésiastique ; et qu'en cela ils imitent fidèlement leur prédécesseur, afin que, ce que celui-ci a montré comme dans l'ombre, eux l'accomplissent véritablement dans la nouveauté de la lumière. Car ils sont la ceinture de l'Eglise, qui la contiennent fortement, tout occupés à l'incarnation de mon Fils ; et parce qu'ils exercent aussi la fonction angélique, ne cessant jamais de chanter au son des instruments, ou de prier dans la componction, sans toutefois arracher des cris comme une poussière inutile et aride, privés de toute vertu de componction ; et parce qu'aussi, ils ne refusent pas de peiner dans leur nécessité ; non cependant, pour chercher de leurs mains les biens terrestres, mais pour prendre bien garde à soi, dans un esprit de charité et d'humilité. O mon peuple très fort et très aimant ! lorsque je remarque en eux l'affliction que mon Fils a souffert dans sa chair, puisqu'ils meurent comme il est mort lui-même, abandonnant leur volonté ; et, en vue de la vie éternelle, se soumettant à une direction, ils avancent selon l'ordre de leurs supérieurs.

C'est pourquoi leur vêtement ne ressemble pas au vêtement des autres peuples, car il marque l'incarnation incorruptible de mon Fils, qui ne ressemble nullement à la procréation des autres hommes. Le commandement légal de l'homme et de la femme ne touche pas, en effet, cette incarnation, de même que ce peuple ne peut être contraint à cette règle étroite, par aucune loi écrite.

Mais que celui qui l'entreprend (cette règle) par amour de Dieu, en liant sa volonté par un vœu, persévère en son accomplissement, de peur qu'en rétrogradant, il ne tombe, comme Lucifer, qui abandonna la lumière et choisit les ténèbres. Leur vêtement, en effet, éclatant comme celui des esprits supérieurs, s'envole avec les ailes de leur subtilité, et signifie l'incarnation et la sépulture de mon Fils ; car il a le signe de l'incarnation en son vêtement, et il porte en lui le signe de sa sépulture, celui qui se condamne à une rude obéissance, celui qui, dans les œuvres de justice, renonce aux choses du siècle. De là, celui qui, dans une intention pure, se revêt de ce même habit, possède en lui un remède salutaire. Et c'est pourquoi, que celui qui le reçoit, au milieu des bénédictions et sous l'invocation du St-Esprit, ne l'abandonne pas ; car quiconque le méprisera pour se plonger dans l'abjection du mal, sera avec celui qui méprisa l'ordre angélique et tomba pour être enseveli dans la mort. Que veut dire cela ? Car ce peuple n'est pas assujetti à cette règle étroite, selon un précepte légal ; mais, par sa volonté, il a entrepris d'observer mon pacte, et ainsi d'illustrer mon Eglise, par la sainteté de sa vie. Comment ? De même qu'après les premières clartés du jour, on voit paraître l'aurore du soleil, ainsi cet ordre s'est montré après les voix des apôtres. Que signifie cela ?

La première lumière du jour signifie les paroles fidèles de la doctrine apostolique ; l'aurore désigne le commencement de cette règle de vie, qui d'abord germa dans la solitude et les retraites, après la manifestation de cette bienheureuse doctrine ; le soleil indique la voie distincte et bien ordonnée, tracée par mon serviteur Benoît, que moi j'ai conduit par un amour ardent, en l'instruisant à honorer par le vêtement de son institution l'incarnation de mon Fils, et par l'abnégation de sa volonté à imiter sa passion ; car Benoît est lui-même comme un autre Moyse, gisant dans le creux de la pierre, crucifiant et réprimant son corps par beaucoup d'austérités, dans son amour de la vie; comme aussi le premier Moyse gravant sur des tables de pierre, selon mon ordre, la loi dure et sévère, la donna aux Juifs. Mais, de même que mon Fils rendit caduque cette loi par la douceur de l'Evangile, ainsi pareillement mon serviteur Benoît, par la douceur de l'inspiration du St-Esprit, fit une voie très sûre de cette institution qui, avant lui, fut une règle de vie très différente ; et, par là, il rassembla une nombreuse cohorte religieuse, comme mon Fils, par la douceur de son parfum, rassembla autour de lui le peuple chrétien. Et ensuite, le St-Esprit inspira aux cœurs de ses élus qui soupiraient vers la vie, que comme dans le bain du baptême les crimes des peuples sont effacés, ainsi eux-mêmes en imitant la passion de mon Fils, renonçassent aux pompes du siècle. Comment? Car, de même que l'homme est soustrait à la puissance de Satan, dans le saint baptême, en rejetant le crime de l'ancienne souillure ; de même ceux-ci, par le signe de leur vêtement, renoncent aux biens terrestres ; ce par quoi ils ressemblent aussi aux anges. Comment ? Car, par ma volonté, ils sont établis les protecteurs de mon penple.

De là, ceux qui, parmi eux, sont éprouvés dans la sainteté de leur vie, sont établis les pasteurs de mon Eglise ; car, comme les anges qui n'ont aucun bien terrestre, ils sont les gardiens de mon peuple. Et, de même que les anges sont doublement honorés devant Dieu, ainsi les hommes de cet état religieux, jouissent d'une double vie. Comment ? Les anges, dans le ciel, servent Dieu sans cesse ; et, sur la terre, ils protègent toujours les hommes contre les embûches du démon : ainsi ce peuple imite l'ordre angélique, lorsque méprisant les biens terrestres, il ne cesse quotidiennement de servir Dieu, et préserve jour et nuit, par ses prières, les autres hommes, des esprits malins. De là, si mon église n'a pas un pasteur juste, alors, une compagnie de cette règle religieuse lui porte secours, par la parole et les lamentations ; et s'il est nécessaire, celui qui est éprouvé, acceptant les fonctions sacerdotales de la surintendance, s'en acquitte vaillamment et avec zèle.

Mais, que nul n'entreprenne de suivre leur règle religieuse, soudainement et comme sortant du sommeil, à moins que, d'abord, dans le repentir de son âme, s'il veut persévérer dans ce dessein, il ne soit examiné dans une épreuve intime ; de peur que, après avoir accepté ce fardeau de par sa volonté, dans l'engagement de la bénédiction, et le rejetant dans la suite par la perversité de l'erreur, il ne tombe dans l'impénitence et ne périsse misérablement dans la damnation de la mort.

C'est pourquoi, ô mes très chers fils, dont les bonnes intentions se dissipent dans l'esprit de contradiction, relevez-vous promptement par l'humilité et la charité, et conformez-vous virilement et unanimement à votre résolution (vœu).

Mais, comme tu vois, une autre splendeur semblable à une nuée blanche, environne dignement la dite image de femme, de l'ombilic au-dessous, sans cependant s'étendre au delà : c'est la vie séculière qui, dans la candeur d'une intention sereine, en l'honorant d'une juste subvention, environne l'Eglise, à partir de la plénitude de sa force naissante, jusqu'à cette fin où elle ne peut plus s'étendre en faveur de ses fils.

Parce que, autour de l'ombilic, se trouve le germe des membres par lequel tout le genre humain est procréé ; et par là, est signifié dans l'église le peuple séculier, par lequel elle doit aboutir à sa plénitude, ayant dans ses rangs les rois et les chefs, les princes et les sujets, les riches et les pauvres, ainsi que le reste du peuple. Et par eux, toute l'Eglise reçoit un merveilleux ornement ; parce que, lorsque les ordres séculiers conservent fidèlement la loi de Dieu, qui leur a été donnée, ils sont l'ornement de l'Eglise ; et ils se donnent à Dieu avec de grandes marques d'amour, lorsqu'ils obéissent à leurs maîtres avec une humilité et une dévotion sincères, et lorsqu'ils châtient leur corps, par amour de Dieu, par l'aumône, les veilles et la continence, ainsi que le veuvage et les autres bonnes œuvres qui sont de Dieu.

De là, ceux qui gardent la loi établie pour eux, selon ma volonté ; me sont très aimables. Mais si quelqu'un d'entre eux désire porter le joug de ma liberté, en abandonnant les biens séculiers, qu'il vienne aussitôt à moi, à moins qu'il ne soit assujetti au lien charnel, qu'il ne peut briser témérairement, si ce n'est par la volonté de celui avec lequel il est uni. Comment? Que le mari, dans cette intention, ne quitte pas son épouse, ni l'épouse son mari, si ce n'est par la volonté des deux ; et alors, s'ils en ont ainsi résolu, ou bien qu'ils restent tous les deux dans le siècle ou qu'ils s'en séparent tous les deux ; parce qu'il ne peut se faire qu'un pied reste dans le corps et que l'autre en soit séparé, l'homme restant sain et sauf. Ainsi pareillement, il ne convient pas que le mari suive le siècle et que la femme l'abandonne, ou que la femme reste dans le monde et que le mari le quitte ; s'ils veulent trouver leur récompense dans la vie éternelle ; car si cette séparation se fait sans prudence ni sagesse, ce n'est plus une hostie, mais un vol.

C'est pourquoi, ceux qui sont unis légalement par un lien charnel, doivent vivre ensemble dans un parfait accord ; et l'un ne doit pas se séparer inconsidérément de l'autre sans son consentement, ni sans l'autorisation et la disposition du pouvoir ecclésiastique ; comme il est écrit dans l'Evangile : (1) *Que l'homme ne sépare pas ce que Dieu a uni.* Que signifient ces paroles ? Dieu dans la création de l'espèce humaine, prit la chair de la chair, et il les unit en un tout ; agissant ainsi, de peur que ce lien ne fût brisé inconsidérément. Comment ? Car il en sera ainsi dans l'union de l'homme et de la femme, que la chair s'unira à la chair et le sang

(1) Quod ergo Deus conjunxit homo non separet. (Matth. XIX)

au sang, par une disposition légale, de peur qu'ils ne se séparent l'un de l'autre, par une précipitation insensée, si ce n'est pour une juste cause, ou une dévotion raisonnable de l'un et l'autre conjoint; car Dieu, dans le secret de sa sagesse, a disposé avec bonté cette union de l'homme et de la femme, pour la propagation de l'espèce humaine. Et, parce qu'il a ainsi institué honorablement ce lien, que la honteuse cupidité de l'homme ne le sépare pas en deux parties, et que l'une ou l'autre de ces deux parties ne mêle pas son sang à une autre source ; parce que, de même que Dieu a ordonné à l'homme de ne pas être homicide, ainsi également il a ordonné à l'homme de ne pas séparer son sang de sa propre chair, par le crime de la fornication. Aussi, que l'homme réprime l'ardeur de sa cupidité, et qu'il ne communique pas sa flamme à un autre foyer, parce que, si cette volonté ardente s'est enflammée à la chaleur d'une autre volonté, avec la concupiscence d'un sujet plus puissant ou plus faible : véritablement alors, avec le désir de leur âme et les embrasements passionnés de leur esprit, ils s'unissent intimement l'un à l'autre. Car l'œil extérieur qui voit, excite la chaleur intérieure qui s'enflamme. Et bien que le corps n'opère pas le péché avec l'autre corps, cependant la volonté vivante accomplit l'œuvre de l'embrasement en eux, de telle sorte que toutes leurs entrailles sont émues, à cause de leur sentiment intime. C'est pourquoi, que les barrières de l'homme extérieur soient gardées par une surveillance si étroite, que l'homme intérieur ne soit pas blessé par une négligence coupable.

Et comme tu vois que ces trois splendeurs se répandent au loin, autour de la même image : cela indique, qu'en l'honneur de la suprême Trinité, les trois précédentes institutions ecclésiastiques consolident partout, en l'environnant de toute part d'une manière merveilleuse, la bienheureuse Eglise, par l'accroissement des germes qu'elle produit, et par la diffusion des heureuses vertus. C'est pourquoi, elles montrent aussi de nombreux degrés, des échelons bien ordonnés en l'Eglise : ce sont les divers ordres, tant séculiers que réguliers, par lesquels la même Eglise conduit à la vie éternelle, par la bonté des mœurs et la discipline des vertus, ses fils qu'elle élève avec un respect plein de suavité. Comment ? Parce qu'elle leur apprend à mépriser les choses terrestres, et à aimer les biens célestes. Que signifie cela ? C'est que les préceptes légaux, qui ont été institués pour eux, il les remplissent fidèlement dans leur amour de Dieu.

Mais, de même qu'il est un Dieu en trois personnes, ainsi également ces trois ordres précédents ne forment qu'une seule Eglise, dont le fondateur est celui qui est l'auteur de tous les biens. Tout ce qu'en effet il n'a pas planté, ne saurait durer. De là, une institution que lui-même n'a pas établie, doit tomber en de graves erreurs. Comment ? Parce que Dieu n'a pas institué celles qui s'efforcent, au souffle de l'orgueil, de monter vers les sommets ; et qui ne veulent pas se soumettre à leurs supérieurs.

Cela arrive lorsque un ordre inférieur essaye de s'élever au-dessus d'un ordre supérieur, qui a été constitué de par ma volonté, d'après le conseil antique des premiers maîtres ; et lorsque d'aucuns, par les divers signes de leur vêtement, veulent se répandre, pour qu'on les imite dans leur manière d'être, comme ils le pensent dans leur folie :

comme si l'ordre des anges voulait s'élever au dessus de l'ordre des archanges. Et que serait-ce ? Ils tomberaient dans le néant, ceux qui voudraient, dans leur vanité, mettre la division parmi les ordres établis justement par Dieu. Mais cela ne peut être, que Dieu veuille être invoqué par ceux qui varient sans cesse dans leur folie, et veulent toujours innover dans leurs intentions, et qui s'entêtent dans leur science, à propager ce qui naît dans leur esprit, abandonnant la voie bien tracée, et l'arche bien achevée des anciens Pères, qui provient de l'inspiration, de l'Esprit Saint. De là beaucoup d'entre eux abandonnent, dans leur orgueil étrange, les institutions reconnues, que l'Eglise tient des anciens Pères, et ils font cela dans les schismes nombreux de leurs diverses institutions. Car eux-mêmes, dans leurs nombreuses évolutions, veulent passer pour des arbres qui portent des fruits nombreux ; mais ils ne peuvent même pas s'assimiler à des roseaux fragiles, comme il est prouvé par mon bien-aimé Jean, à propos de celui qui est rejeté, parce qu'il se flétrit dans le temps comme il est écrit : *Je connais tes œuvres, et je sais que tu n'es ni froid ni chaud. Plût à Dieu que tu fusses froid ou chaud. Mais, parce que tu es tiède, je commencerai de te vomir de ma bouche.* (1) Que signifient ces paroles ? O insensé, qui restes honteusement dans ta lâcheté ! Moi qui connais les secrets, je vois d'un œil clairvoyant toutes les œuvres de tes désirs, parce que tu n'évites nullement les œuvres qui proviennent du foyer de lumière ; et que tu n'abandonnes pas tout à fait les œuvres qui sont pour moi toutes de glace.

(1) Scio opera tua, quia neque frigidus es, neque calidus. Utinam frigidus esses ant calidus ! Sed quia tepidus es, incipiam te evomere ex ore meo. (Apoc. III)

Comment? Car tu n'es pas tout à fait froid dans les mauvaises œuvres, et tu n'es pas tout à fait ardent dans les bonnes actions ; mais en toute chose, à cause de l'instabilité de ton esprit, tu es incertain, comme le vent tiède, sans qu'on puisse savoir qui tu es, car tu ne mérites pas la peine destinée au mal, et tu ne considères pas, dans le bien, la digne récompense.

Comment? Car tu veux pénétrer à une si grande profondeur, que tu ne peux atteindre le fond ; et tu veux gravir un sommet si escarpé, que tu ne peux parvenir au faîte.

Oh! il vaudrait mieux pour toi, que tu t'estimasses un serviteur inutile et un pécheur, que de considérer à peine les sentiers de la justice. Car, si tu étais (complètement) éloigné des bonnes œuvres, tu comprendrais que tu es un pêcheur ; ou bien, si tu t'écartais des œuvres mauvaises, tu conserverais quelque espoir de vie. Mais maintenant, tu es comme le vent tiède, qui n'apporte pas l'humidité aux fruits, et ne leur donne pas la chaleur. Tu es en effet celui qui commence, et non celui qui achève ; car tu effleures le bien en le commençant, mais tu n'en jouis pas dans son perfectionnement ; comme le vent qui souffle à la face de l'homme ; et non comme la nourriture qui le rassasie.

Et qu'est-ce qui vaut mieux, un vain son ou un ouvrage parfait ? Mais l'ouvrage parfait est toujours préférable à l'œuvre vaine. Et c'est pourquoi agis dans le silence de l'humilité, et ne t'enorgueillis pas dans la superbe ; car ceux-là seront comptés pour rien, qui dédaignent la société sanctifiante de ceux qui m'aiment, dans une complaisance pleine de suavité ; car ils poursuivent, dans un sot orgueil, ce qu'ils dédaignent d'accomplir, dans un esprit de douce mansuétude.

Que si, par un commencement de droiture, tu tentes de pénétrer la force de mes paroles, qui donnent la nourriture (spirituelle) aux fidèles ; et si alors, t'engourdissant dans cet état, et ne manifestant à ceux qui vivent avec toi aucun esprit de justice, tu tombes dans un état pire : alors moi, à cause de la tiédeur de ta négligence, je commencerai à te rejeter, en te chassant par la même vertu de mes paroles ; parce que, ne montrant aucune douceur de suavité, pour l'efficacité de ton œuvre, tu n'aspires pas aux biens intérieurs (qui proviennent) de la bienheureuse retraite. Et ainsi, tombant dans l'abjection tu seras dédaigné, comme cette nourriture qui, à cause de son goût insipide, est rejetée de la bouche de l'homme, avant de devenir son aliment.

Mais quoi maintenant ? Les vents volent en effet et leur murmure résonne ; mais ils ne jettent pas de racines et ne produisent pas de germes. Car, ceux qui devraient se soumettre à mon joug sont lâches et ne veulent pas se plier à la discipline. Pourquoi cela ? Ils ne veulent pas rentrer dans la voie droite, et ils élèvent, pour eux-mêmes, bien des demeures inutiles. Car, ces hommes, n'ayant aucune ardeur pour la justice, mais se reposant en eux-mêmes, n'ont aucun zèle pour la loi établie pour eux, et n'agissent pas selon les coutumes de leurs anciens pères ; mais chacun d'eux introduit en lui-même quelque singularité, et se fait une loi selon sa volonté ; s'élevant ainsi, pour voler, dans ses propres pensées et sa grande instabilité, par son orgueil superbe. Et, parce que ceux-ci n'adhèrent pas à l'alliance étroite de leurs pères :

toujours changeants et informes, ils errent çà et là dans leur étrange instabilité, selon leur volonté propre.

C'est pourquoi je les compare à des artisans insensés qui, voulant élever dans les airs un grand édifice, n'imitent pas la prudence de ceux qui, bien munis de tous les instruments, et ayant mené à bien de nombreux plans d'édifices, connaissent tout ce qui est nécessaire à la construction, et savent bien disposer tous leurs instruments ; mais eux, ignorants et dépourvus, se confient en eux-mêmes, parce qu'ils veulent être plus sages que les autres ; et ils disposent de telle sorte leurs édifices, qu'ils ne peuvent résister à la tempête et qu'ils sont renversés par les vents ; car ils ne sont pas construits sur la pierre, mais sur le sable.

Ainsi agissent ceux qui, dans leur orgueil, se confiant en eux-mêmes, veulent paraître plus prudents que leurs anciens pères, et ne pas marcher selon leur règle, mais établissent pour eux-mêmes, dans leur grande instabilité, des lois selon leur volonté ; et c'est pourquoi ils sont fréquemment agités de tentations diaboliques, et tombent dans le péché ; car, ils s'appuient, non sur le Christ, mais sur l'instabilité de leurs mœurs.

Aussi, de peur que l'inspiration du Saint-Esprit, qui agissait dans les anciens pères, s'évanouisse, je voudrais que pour l'homme fidèle il lui suffît, dans son humilité, de ce qui a été institué, pour lui, par ses prédécesseurs ; de peur que, s'il faisait vainement plus qu'il ne devrait rechercher humblement, dans la suite, devenu tiède, il ne tombât dans la confusion ; comme il est écrit dans l'Evangile : *Lorsque tu seras invité aux noces, ne t'assieds pas à la première place, de peur qu'il n'y ait un invité plus honorable que toi, et que, survenant celui qui t'a invité ainsi que le plus digne, il ne te dise : (1) Donne ta place à celui-ci, et qu'alors tout couvert de honte, tu ne sois obligé d'occuper la dernière place.* Que signifie cela ? Lorsque, par l'inspiration d'en haut, tu auras été averti, à cause de tes labeurs fidèles, de venir vers ce tabernacle qui abonde toujours de la vie nuptiale, de telle sorte qu'il puisse se réjouir sans cesse dans la sincérité, l'honneur et la sanctification, dans sa tige vierge et sa bienheureuse mère l'Eglise ; et qu'il ne s'attriste pas dans la corruption, la confusion et la déjection de son germe et de sa fleur : alors réprime ton esprit par l'humilité et ne l'exalte pas dans son orgueil.

(1) Cum invitatus fueris ad nuptias, non discumbas in primo loco, ne forte honoratior te sit invitatus ab illo et, veniens is qui te et illum vocavit, dicat tibi : Da huic locum ; et tunc incipias cum rubore novissimum locum tenere (Luc XIV).

Comment ? Lorsque, par amour de Dieu, tu auras éloigné de toi les soucis du siècle : alors, comme une fleur très belle, tu germeras pour fleurir dans la Jérusalem céleste, sans aridité, avec le fils de Dieu, dans lequel resplendissent tous les ornements des âmes ; parce que le vieil homme porte en lui toutes les abominations des hommes ; mais l'homme nouveau élève tout édifice de sanctification des vertus. Et c'est pourquoi, lorsque tu seras parvenu à cette sanctification, rougis d'imiter, par le désir de vaine gloire, l'antique serpent, qui s'est précipité lui-même du lieu de la béatitude. Qu'est cela ? Si tu vois quelqu'un plus honoré que toi, prends garde, par la cupidité de ton esprit, de t'élever au-dessus de lui, en disant : Je veux être au-dessus de lui ou comme lui. Que, si tu t'exaltes de la sorte, est-ce que tu es un serviteur fidèle, lorsque tu provoques le Seigneur à la colère et que tu t'opposes à sa volonté ? Mais, si tu comprends que quelqu'un est meilleur que toi par nature, par la grâce ou par la fortune, et si tu lui portes envie : alors tu ne suis pas la voie droite, mais tu marches par des sentiers détournés. C'est pourquoi applique-toi à servir Dieu dans l'humilité et à ne pas t'enorgueillir dans la superbe ; et ne t'élève pas, par la vanité de la dissimulation, au-dessus de celui qui, d'après une épreuve équitable, est enflammé d'un plus grand désir de la vie éternelle que toi ; ainsi invité, à cause de son amour des biens célestes, à gravir le sommet de cette béatitude, de la part de celui qui manifeste la vérité à ceux qui l'aiment ; de peur que, survenant celui qui vous a appelés par une bienheureuse inspiration dans son regard qui sait tout, toi pour servir dans l'humilité et lui pour le don de charité, il ne te juge dans sa justice équitable en disant : Toi qui dans un fol orgueil t'es élevé à ce sommet qui n'est pas pour toi, laisse ta vaine gloire et donne à mon bien-aimé cette place d'honneur que tu as prise témérairement, pour remplir le rôle de serviteur. Et qu'en serait-il alors de toi ? Car si tu étais repoussé de la sorte, tu commencerais à connaître, dans l'affliction et dans la tristesse, l'extrémité de l'abjection, et à te faire horreur à toi-même, à cause de ton abaissement ; parce que le gardien des âmes t'enlèverait l'honneur étranger, que tu aurais ravi frauduleusement, en t'opposant à lui, pour tenter de prendre témérairement ce que tu ne saurais avoir. C'est pourquoi, après t'avoir enlevé ce que tu voulais posséder, il te serait donné ce que tu ne voulais avoir. Il en est ainsi pareillement, lorsqu'un ordre mineur s'élève au-dessus d'un ordre majeur : par mon juste jugement, il est supprimé ; parce que je ne veux pas que devant mes yeux, l'orgueil ne soit toujours confondu. Car, si une servante veut s'élever au-dessus de sa maîtresse : elle est d'autant plus méprisée qu'elle tente de faire ce qu'elle ne saurait désirer.

C'est pourquoi, ceux qui se font des lois selon leur cœur, et en cela ne cherchent pas ma volonté, en retirent plus de désagréments que d'avantages, comme mon Fils en rend de nouveau témoignage dans l'Evangile, lorsqu'il dit : *Tout arbre que n'a pas planté mon père céleste sera déraciné* (1).

Que signifie cela ? Tout germe de science, du cœur, de l'esprit et des mœurs, qui surgit en vertu de cette fécondité de la nature,

(1) Omnis plantatio quam non plantavit Pater meus cœlestis eradicabitur. (Matth. XV).

par laquelle l'homme vit, lorsque l'homme le sème dans lui-même de telle sorte que, dans la suite, bouillonnant de chaleur, il s'unisse à lui comme il le veut ; c'est-à-dire transporté dans l'exaltation de son esprit, dans l'impétuosité de la chair, dans la superfluité de l'humeur, dans les diverses occasions ou dans les vicissitudes de l'acte, allant imprudemment des sommets aux abîmes, sans distinguer le fondement, et méprisant de savoir s'il est utile ou inutile : ce germe sera véritablement détruit par un jugement équitable, parce que le Père qui habite les cieux et qui est le principe de toute justice, n'a pas fait une telle plantation, et c'est pourquoi, déracinée, elle se dessèchera, parce qu'elle ne croît pas par la rosée du ciel, mais elle provient des humeurs de la chair. Comment? Parce que l'homme, accomplissant cette œuvre en vertu de sa folle science, ne veut considérer ni la justice, ni la volonté de son Créateur; mais il regarde toujours vers celui qui agite infatigablement la roue de sa chair. Car, de ce que, par les hommes, lorsqu'ils ne veulent pas reposer attentivement leur regard sur Dieu, le bien est parfois entrevu dans la déception de leur esprit : toutefois, si le St-Esprit ne réchauffe par son inspiration cette (œuvre humaine) elle périt misérablement, car la vaine gloire passe. Lorsque, en effet, les hommes vains sont affligés, d'un côté, par l'ennui : ils sont tout transportés, d'autre part, de la vaine gloire, en s'exaltant par l'orgueil, l'émotion et l'esprit de jalousie, et se querellant fréquemment dans le chagrin, l'indignation et la contradiction (qui proviennent) des autres règles posées par moi ; bien plus, à cause des autres biens qui n'engendrent que le dégoût, ils se tourmentent les uns les autres, dans l'ardeur du désir qu'ils éprouvent de progresser de jour en jour. Car, ce qui découle de moi, s'accroissant sans cesse dans ceux qui persévèrent, et ne rétrogradant jamais par son instabilité, est d'une grande douceur et d'une merveilleuse suavité pour l'âme. Et celui-là est heureux qui, se confiant en moi, repose non en lui, mais en moi son espérance, ainsi que le commencement et la fin de ses œuvres. Quiconque agit ainsi ne tombera pas ; mais celui qui voudra se maintenir sans moi tombera en ruines. Et quels sont ceux qui veulent se transformer eux-mêmes, pour la vainegloire, et qui se confient en eux-mêmes, dans l'ennui qu'ils éprouvent de mes préceptes ? Certes, je ne dois pas être méprisé dans mes dons, ainsi qu'un vieux vêtement qui est à charge aux hommes ; et les dons que je fais aux âmes simples sont toujours nouveaux, et d'autant plus chers qu'ils son plus anciens.

C'est pourquoi, ce que pensent les hommes en eux-mêmes, sans mon inspiration, pour satisfaire la vanité de leurs mœurs, s'évanouit dans leurs vains calculs ; et, bien qu'ils paraissent parfois se maintenir au regard des hommes, cependant, rejetés loin de mes yeux, ils sont devant moi comme le néant, ainsi qu'il est écrit dans l'Evangile : *Abandonnez-les, ils sont aveugles, les guides des aveugles. Mais si l'aveugle confie sa conduite à un aveugle, ils tomberont tous les deux dans le précipice.* (1) Que signifient ces paroles ? Abandonnez ceux qui sont pervers dans leurs actions, pour qu'ils se perdent dans leur perversité ; car ils ne veulent pas se corriger, en vue

(1) Sinite illos, cœci sunt, duces cœcorum. Cœcus autem si cœco ducatum prœstet, ambo in foveam cadunt (Math. XV).

des œuvres bonnes et droites. Et parce que, dans leur estimation, ils se nomment justes, bien qu'ils ne soient que vains dans leurs actes, ils deviennent aisément aveugles, car ils ne veulent pas marcher dans la voie de la justice ; et ils proposent de préférence la voie de l'iniquité à celle de la vérité, aux hommes qui se hâtent dans leurs œuvres mauvaises. De là, ceux qui, de cette manière, n'ont pas la vue droite, estiment qu'ils sont dans la vérité, lorsqu'ils sont plongés dans l'erreur, et qu'ignorant la véritable doctrine, ils enseignent une fausse justice. Les uns et les autres tomberont dans l'abîme du désespoir, parce que ni les uns ni les autres ne savent où ils vont. Mais, de toutes ces choses, j'en rejette parfois quelques-unes, devant les hommes, dans ma colère ; et parfois, j'en tolère d'autres secrètement dans ma vision instinctive ; mais cependant, pour l'établissement de ma justice équitable, je venge ces choses dans l'avenir. Et c'est pourquoi, que celui qui est fidèle s'efforce de gravir les sommets de la vertu, et de ne pas se rabaisser vers la terre. Comment ?

Celui qui est dans un rang inférieur peut monter à un rang supérieur ; mais celui qui est dans les grandeurs ne peut se rabaisser vers les rangs inférieurs. Pourquoi cela ? Les préteurs, en effet, peuvent parvenir au gouvernement, les gouverneurs s'élever à la royauté; mais il ne convient pas aux rois de descendre au rang des gouverneurs, ni à ces derniers de s'abaisser à celui des préteurs. Car si les rois se soumettaient aux gouverneurs et les gouverneurs aux préteurs, tout le peuple s'indignerait violemment et les tournerait en ridicule. Ainsi, ceux qui sont dans le siècle peuvent suivre la voie (des prêtres), et ceux qui marchent dans cette voie peuvent imiter ceux qui sont le parfum vivant et qui font vœu de régénération spirituelle ; mais ils ne peuvent se ravaler vers les biens du siècle.

Que si, ceux qui sont le parfum vivant, faisant vœu (de suivre) le chemin de la régénération, s'abaissent au rôle inférieur, ou si les réguliers passent aux séculiers, hélas ! hélas ! hélas ! diront sur eux les âmes des justes, et ils tomberont devant moi dans l'abjection, à moins qu'ils ne fassent une digne pénitence. Car si le degré supérieur tombe sur l'inférieur, les deux seront détruits.

Il en sera ainsi de ceux qui quittent le droit chemin pour rétrograder en arrière. Car celui qui s'est revêtu de mon Fils peut-il trouver plus splendide vêtement ? Non jamais ! non jamais ! Réjouissez-vous donc en votre Père ; car je vois souvent des grands parmi les petits, et je découvre des petits parmi les grands ; car l'orgueil abaisse et l'humilité élève.

De là, ayez parmi vous la paix, la charité et l'humilité, comme les âmes des justes avec les anges, et les anges avec les archanges. Car les âmes des justes ne jalousent pas le rôle des anges, et les anges la gloire des archanges. Pourquoi cela ? Les archanges, dans une grande nécessité, manifestent les faits extraordinaires ; mais les anges, dans les fréquentes vicissitudes, interviennent dans les petites choses ; et le peuple fidèle obéit humblement. Et chacun joue fidèlement son rôle. Comment ? Ceux qui sont le parfum vivant, qui se vouent (à suivre) le chemin de la secrète régénération, lorsque l'église se trouve soudain dans une grave nécessité, interviennent, comme les archanges, pour rétablir l'ordre des choses ; et ceux qui, selon le rôle qui leur a été attribué, doivent les aider dans leur mission, agissent en cela comme les anges, dans une ferme détermination, pour des raisons fréquentes ; et les hommes qui désirent parvenir à la souveraine béatitude, acceptent fidèlement leurs paroles.

Car, ceux qui sont le parfum vivant, faisant vœu (de suivre) la voie de la secrète régénération, sont comme le grain qui est la nourriture frugale et forte des hommes ; et de même, le peuple qui m'appartient, se montre dur et intraitable pour l'attrait des choses séculières. Mais leurs auxiliaires, dont il a été parlé, comme les fruits qui sont d'une saveur suave à ceux qui les goûtent, par l'utilité de leur office, se montrent très agréables aux hommes.

Et le simple séculier est comme la chair, dans laquelle se trouvent des oiseaux chastes ; car ceux qui sont dans le siècle, vivant charnellement, procréent des fils, parmi lesquels cependant il y a des imitateurs de la chasteté, à savoir les veufs et les continents qui s'élèvent aux désirs célestes, par l'attrait des saintes vertus. Or ces ordres de l'institution ecclésiastique marchent sur deux voies. Comment ? Celle des séculiers et celle des réguliers. Comment ? Comme le jour et la nuit. Qu'est-ce que cela ? Le jour possède la clarté du soleil et la sérénité de l'air transparent : ce qui indique que les hommes spirituels ont, parmi eux, l'ordre du parfum vivant qui se voue à la secrète régénération, et l'ordre de leurs auxiliaires. Mais la nuit possède la lumière de la lune et des étoiles et l'obscurité de l'ombre ténébreuse : ce qui indique que parmi les hommes du siècle, il y a les justes qui brillent dans leurs œuvres, et les pécheurs qui sont plongés dans l'obscurité de leurs crimes.

Mais celui qui abandonne la nuit du siècle pour se tourner vers le jour de l'esprit, par amour de la vie, doit rester ferme dans sa résolution, de peur que, en retournant en arrière, il ne devienne semblable à l'ancien Adam, qui transgressant le précepte de vie, fut plongé dans les misères du siècle.

C'est pourquoi, que nul ne se hâte de quitter le monde, et de signer audacieusement mon pacte, de par sa volonté, avant de s'être soumis à un mûr examen ; car, celui qui s'attache à la tunique de mon fils, je ne veux pas qu'il l'abandonne.

Et celui qui s'est revêtu de son incarnation et a pris dans ses mains sa croix, il ne convient plus qu'il abandonne son Seigneur.

C'est pourquoi, fais attention à ces choses. L'homme qui dans la volonté de son cœur s'est déterminé, et dans la dévotion de son âme a fait vœu de porter mon joug, dans le mépris des biens du siècle ; s'il a en même temps, dans l'ardeur de son cœur, par la volonté de son âme désireuse, pris le signe de religion, avec une intention juste : qu'il y persévère, de peur que, s'il venait à le mépriser, il n'eût à subir un jugement sévère. Pourquoi ? Car il mépriserait ainsi celui dont il a pris le signe ; comme les Juifs le méprisèrent, lorsque, dans la folie de leur incrédulité, ils le clouèrent sur la croix.

Et de même que les Juifs n'hésitèrent pas devant ce forfait : ainsi lui-même ne craindrait pas de renier sa passion, en rejetant son vœu. Car ce que l'homme me promet, il doit le tenir, comme David en rend témoignage, lorsqu'il dit : *J'entrerai dans ta maison en vertu des holocaustes, et je t'offrirai les vœux que distilleront mes lèvres.*(1)

(1) Introibo in domum tuam in holocaustis, reddam tibi vota mea quœ distinxerunt labia mea (Psal. V).

Que signifient ces paroles ? Par l'intention d'un acte juste et bon, j'entrerai, ô mon Dieu, dans la constitution de ta grâce très sainte, en abandonnant, dans un désir ardent, le lit de ma volupté ; de telle sorte qu'il n'y aura rien de plus doux pour moi que d'aspirer vers toi, le Créateur de toutes choses. Et, pour cela, je t'offrirai les vœux que proféreront mes lèvres avec mon âme ; car je veux accomplir ce que je t'ai promis dans un ardent désir et un esprit de justice, c'est-à-dire, diriger vers toi mes actes, car j'ai transgressé follement ta loi. Mais, maintenant, par ton secours, je veux éviter le mal et faire le bien ; car la raison et l'intelligence qui luisent en moi, aspirent davantage vers toi, ô Dieu vivant, par une vie de pénitence, qu'à l'imitation du démon, par la folie de la contradiction à tes lois.

C'est pourquoi, ô homme, lorsque tu

m'offriras de cette manière ton cœur, considère de le faire avec prudence.

Car mon œil voit lumineusement où se porte la volonté de l'homme. Et ce qui m'appartient, je le réclame scrupuleusement. C'est pourquoi, ô insensés et plus qu'insensés, comment vous imposez-vous de si grandes charges, pensant qu'il est si facile d'abandonner votre volonté charnelle ? En effet par la loi qui vous est donnée, en vertu de mes préceptes, vous n'êtes pas contraints d'abandonner le siècle, à moins de vous être éprouvés auparavant par de multiples labeurs, de telle sorte que vous puissiez imposer un frein aux désirs charnels qui s'éveillent en vous.

Mais, vous êtes comparables au vent tiède, car lorsque la vaine gloire enfle votre esprit, alors, à la suite de quelque contrariété, vous parlez ainsi : Je ne veux plus travailler dans le siècle, mais je délibère de le fuir promptement.

FIN DU 2e VOLUME DE SCIVIAS.

TABLE DES MATIÈRES

Fin du deuxième volume des Visions

GRANDE IMPRIMERIE DU CENTRE. — HERBIN, MONTLUÇON

www.ingramcontent.com/pod-product-compliance
Ingram Content Group UK Ltd.
Pitfield, Milton Keynes, MK11 3LW, UK
UKHW012208240726
13966UKWH00002B/652

9 782012 782358